Otimização de Site

SEO Definitivo!
Mergulhe no Mundo das Buscas!

Tudo o que você precisa saber...

A QUEM SE DESTINA O LIVRO

E ste livro é destinado a uma ampla gama de leitores que desejam entender e aplicar as práticas de otimização de mecanismos de busca (SEO). Seja você um empresário, um profissional de marketing, um estudante ou um entusiasta do marketing digital, este livro foi escrito pensando em você.

Empresários e Proprietários de Sites

Em um mundo cada vez mais digital, ter uma presença online robusta é crucial para o sucesso de qualquer negócio. De acordo com uma pesquisa da BrightLocal, 97% dos consumidores usaram a internet para encontrar um negócio local em 2022. No entanto, simplesmente ter um site não é suficiente. É preciso garantir que seu site seja facilmente encontrado pelos motores de busca. Este livro fornecerá as ferramentas e técnicas necessárias para aumentar a visibilidade do seu site e atrair mais tráfego orgânico.

Profissionais de Marketing e SEO

O SEO é uma parte essencial de qualquer estratégia de marketing digital. No entanto, com os motores de busca constantemente atualizando seus algoritmos, é importante se manter atualizado com as últimas tendências e técnicas. Este livro oferece uma visão abrangente do SEO, desde os fundamentos até as técnicas mais avançadas. Ele também inclui estudos de caso de empresas como a Zappos, que conseguiu recuperar suas classificações de pesquisa após uma penalidade do Google, demonstrando a importância de uma estratégia de SEO eficaz e adaptável.

Estudantes e Novatos em Marketing Digital

Se você está apenas começando a explorar o mundo do marketing digital, este livro é um excelente ponto de partida. Ele oferece uma introdução detalhada ao SEO, explicando os conceitos de maneira fácil de entender e fornecendo exemplos práticos para ajudá-lo a colocar o que aprendeu em prática.

Desenvolvedores Web e Designers

O SEO não é apenas sobre conteúdo; o design e a estrutura do seu site também desempenham um papel crucial. Este livro ajudará os desenvolvedores web e designers a entender como podem otimizar seus sites para os motores de busca, melhorando a experiência do usuário e aumentando a visibilidade do site.

Em resumo, este livro é para qualquer pessoa que queira entender melhor o SEO, melhorar a visibilidade do site, atrair mais tráfego orgânico e, em última análise, alcançar o sucesso online. Então, se você está pronto para mergulhar no mundo das buscas, vamos começar!

ÍNDICE

Introdução

Sobre os Autores

Prefácio

Parte 1: SEO Básico

Capítulo 1: Introdução ao SEO
Capítulo 2: Como fazer um plano de SEO
Capítulo 3: Seleção de palavras-chave
Capítulo 4: Ferramentas básicas para SEO
Conclusão da Parte 1

Parte 2: SEO Intermediário

Capítulo 1: Otimização On-Page
Capítulo 2: Otimização Off-Page
Capítulo 3: Otimização de Conteúdo
Capítulo 4: SEO Local e Técnicas Avançadas
Conclusão da Parte 2

Parte 3: SEO Avançado

Capítulo 1: Liderança e Gerenciamento de Equipes de SEO
Capítulo 2: Análise de Concorrência e Benchmarking
Capítulo 3: SEO Técnico Avançado
Capítulo 4: Análise e Interpretação de Dados
Capítulo 5: Estratégias de Conteúdo Avançadas
Capítulo 6: Integração com Outras Disciplinas de Marketing Digital
Capítulo 7: Gestão de Projetos e Metodologias Ágeis para SEO
Conclusão da Parte 3

Parte 4: Dominando o SEO - Além do Avançado

Capítulo 1: SEO para Comércio Eletrônico
Capítulo 2: SEO para Mobile
Capítulo 3: SEO para Voz
Capítulo 4: SEO para Inteligência Artificial

Conclusão Final

O Futuro do SEO na Era da Inteligência Artificial
A Inteligência Artificial e o Futuro dos Mecanismos de Busca

Considerações finais e mensagem dos autore

Apêndices

Apêndice A: Glossário de Termos de SEO
Apêndice B: Ferramentas de SEO Recomendadas
Apêndice C: Recursos Adicionais

Encerramento

INTRODUÇÃO

Bem-vindo ao "Otimização de Site - SEO Definitivo! Mergulhe no Mundo das Buscas! (Tudo o que você precisa saber...)", um guia abrangente que visa desmistificar o mundo do Search Engine Optimization (SEO) e fornecer a você as ferramentas e conhecimentos necessários para otimizar seu site e aumentar sua visibilidade online.

Este livro é destinado a todos que desejam entender melhor o SEO, desde o empresário que quer aumentar a visibilidade online de sua empresa, ao profissional de marketing que busca aprimorar suas habilidades, até o estudante que está apenas começando a explorar o mundo do marketing digital.

A importância do SEO não pode ser subestimada. De acordo com um relatório de 2022 da BrightEdge, 68% do tráfego online vem de motores de busca, com o Google dominando com uma participação de mercado de mais de 90%. Além disso, 53,3% de todo o tráfego do site é orgânico, o que significa que vem de resultados de pesquisa não pagos. Isso destaca a necessidade de uma estratégia de SEO eficaz.

No entanto, o SEO não é uma ciência exata. Ele está sempre evoluindo, com os motores de busca constantemente atualizando seus algoritmos para fornecer aos usuários os resultados mais relevantes e de alta qualidade. Isso significa que os profissionais de SEO precisam estar sempre atualizados e dispostos a se adaptar às mudanças.

Um exemplo disso é o caso da empresa de varejo online Zappos. Em 2010, eles foram atingidos por uma penalidade do Google que resultou em uma queda significativa em suas classificações de pesquisa. No entanto, em vez de desistir, eles trabalharam duro para corrigir os problemas que levaram à penalidade, melhorando a qualidade de seu conteúdo e a experiência do usuário. Como resultado, eles conseguiram recuperar suas classificações e hoje são uma das principais empresas de varejo online.

Este livro irá guiá-lo através dos fundamentos do SEO, passando por técnicas intermediárias e avançadas, até a gestão de equipes de SEO e a integração com outras disciplinas de marketing digital. Cada capítulo é projetado para ser prático e fácil de entender, com exemplos do mundo real, estudos de caso e dicas úteis.

Então, se você está pronto para mergulhar no mundo das buscas e aprender tudo o que precisa saber sobre SEO, vamos começar!

SOBRE OS AUTORES

Eric Daniel é um profissional de marketing digital com amplo conhecimento em performance, tecnologia e inteligência artificial com mais de duas décadas de experiência no campo. Ele é apaixonado por ajudar empresas a aumentar sua visibilidade online e alcançar seus objetivos de negócios. Eric é casado com Alessandra e é pai de Thiago e Nathalia. Ele é coautor de vários livros sobre segurança na internet e educação digital, incluindo "Protegendo Seu Filho da Internet: Ferramentas e Estratégias para Navegar com Segurança no Mundo Digital" e "Educação Digital Responsável: Ensinando Seu Filho a Usar a Inteligência Artificial a Seu Favor e Como Ferramenta de Aprendizado". Ele também é coautor de "Saúde Mental: Os 4 D's que fazem a diferença: Descubra o caminho para uma mente saudável e uma vida plena de felicidade e bem-estar" e "Os Horrores da Recuperação: Um Guia Realista e Compassivo pela Jornada da Dependência à Sobriedade".

Flávio Luizetto é um especialista em SEO e marketing digital com uma vasta experiência na indústria. Ele é engajado em ajudar as empresas a otimizar sua presença online e alcançar seus objetivos de marketing. Flávio tem uma vasta experiência em várias áreas do marketing digital, incluindo SEO, publicidade paga, marketing de conteúdo e análise de dados. Ele é conhecido por sua abordagem estratégica e orientada a dados para o SEO, bem como por sua capacidade de explicar conceitos complexos de maneira clara e acessível. Flávio é um palestrante frequente em conferências de marketing digital e também contribui regularmente para várias publicações da indústria.

Flávio é casado com a Fabricia e é pai da Maria Julia e João. Ele é coautor de vários livros sobre segurança na internet e educação digital, incluindo "Protegendo Seu Filho da Internet: Ferramentas e Estratégias para Navegar com Segurança no Mundo Digital" e "Educação Digital Responsável: Ensinando Seu Filho a Usar a Inteligência Artificial a Seu Favor e Como Ferramenta de Aprendizado". Ele também é coautor de "Saúde Mental: Os 4 D's que fazem a diferença: Descubra o caminho para uma mente saudável e uma vida plena de felicidade e bem-estar" e "Os Horrores da Recuperação: Um Guia Realista e Compassivo pela Jornada da Dependência à Sobriedade".

PREFÁCIO

Este livro é o resultado da colaboração entre dois profissionais de marketing digital apaixonados, Eric Daniel e Flávio Luizetto. Com décadas de experiência combinada no campo do SEO, eles se uniram para compartilhar seus conhecimentos e experiências, na esperança de ajudar outros a navegar no mundo em constante mudança da otimização de mecanismos de busca.

Eric Daniel, um veterano da indústria de SEO, começou sua carreira no início dos anos 2000, quando o Google ainda estava em sua infância. Ao longo dos anos, ele testemunhou em primeira mão a evolução do SEO, desde a época em que a simples inclusão de palavras-chave era suficiente para classificar bem, até a era atual, onde a qualidade do conteúdo e a experiência do usuário são de suma importância. Eric traz para este livro sua vasta experiência e compreensão profunda dos mecanismos de busca e de como eles evoluíram ao longo do tempo.

Flávio Luizetto, por outro lado, vem de uma formação em marketing e negócios. Ele entende que o SEO não é apenas uma questão técnica, mas também uma parte crucial de qualquer estratégia de marketing digital. Flávio acredita firmemente que o SEO e o marketing devem andar de mãos dadas, e que a otimização de mecanismos de busca é essencial para alcançar o sucesso nos negócios online. Ele traz para este livro sua perspectiva única e sua abordagem estratégica para o SEO.

Juntos, Eric e Flávio criaram este guia abrangente para o SEO. Eles combinaram seus conhecimentos e experiências para fornecer a você uma visão detalhada e atualizada do mundo do SEO. Este livro é o resultado de muitas horas de trabalho árduo, pesquisa e discussões, e eles esperam que ele possa ajudá-lo a entender melhor o SEO e a aplicar esses conhecimentos para melhorar a visibilidade do seu site e alcançar o sucesso online.

Então, sem mais delongas, vamos mergulhar no mundo das buscas!

PARTE 1

SEO Básico

Bem-vindo à primeira parte deste guia abrangente de SEO: SEO Básico. Nesta seção, vamos começar do começo, explicando o que é SEO e por que é tão importante no mundo digital de hoje. Vamos desmistificar os termos e conceitos fundamentais e fornecer uma base sólida sobre a qual você pode construir suas habilidades e conhecimentos de SEO.

O SEO, ou otimização de mecanismos de busca, é o processo de melhorar a visibilidade de um site nos resultados de pesquisa orgânica dos motores de busca. Em outras palavras, é sobre fazer mudanças no design e no conteúdo do seu site para torná-lo mais atraente para os motores de busca, com o objetivo final de atrair mais tráfego para o seu site.

Mas por que o SEO é tão importante? De acordo com um relatório de 2022 da BrightEdge, 53,3% de todo o tráfego do site vem de pesquisa orgânica, superando outras fontes como tráfego pago e social. Isso significa que, se o seu site não estiver otimizado para os motores de busca, você poderá estar perdendo mais da metade do tráfego potencial.

Um exemplo de como o SEO pode impactar o sucesso de um negócio é o caso da empresa de varejo online Zappos. Em 2010, eles foram atingidos por uma penalidade do Google que resultou em uma queda significativa em suas classificações de pesquisa. No entanto, eles trabalharam duro para corrigir os problemas que levaram à penalidade, melhorando a qualidade de seu conteúdo e a experiência do usuário. Como resultado, eles conseguiram recuperar suas classificações e hoje são uma das principais empresas de varejo online.

Nesta primeira parte do livro, vamos explorar os fundamentos do SEO, incluindo como fazer um plano de SEO, como selecionar palavras-chave e quais ferramentas você pode usar para ajudar em seus esforços de SEO. Cada capítulo é projetado para ser prático e fácil de entender, com exemplos do mundo real e dicas úteis.

Então, se você está pronto para começar sua jornada de SEO, vamos mergulhar no SEO Básico!

CAPÍTULO 1

Introdução ao SEO

S EO, ou Search Engine Optimization, é um termo que você provavelmente já ouviu se está envolvido de alguma forma com a internet ou o marketing digital. Mas o que exatamente isso significa e por que é tão importante? Neste capítulo, vamos explorar o que é SEO, por que é vital para o sucesso online e como os motores de busca funcionam.

O SEO é o processo de otimizar um site para que ele seja facilmente encontrado pelos motores de busca. Isso envolve uma variedade de técnicas e estratégias, desde a criação de conteúdo de alta qualidade até a otimização da estrutura e do design do site. O objetivo final do SEO é aumentar a visibilidade do seu site nos resultados de pesquisa orgânica, atraindo mais tráfego e, por fim, mais clientes ou usuários.

A importância do SEO não pode ser subestimada. De acordo com um relatório de 2022 da BrightEdge, 53,3% de todo o tráfego do site vem de pesquisa orgânica, superando outras fontes como tráfego pago e social. Isso significa que, se o seu site não estiver otimizado para os motores de busca, você poderá estar perdendo mais da metade do tráfego potencial.

Os motores de busca, como o Google, Bing e Yahoo, usam algoritmos complexos para determinar quais sites são mostrados e em que ordem para qualquer consulta de pesquisa. Esses algoritmos levam em consideração uma variedade de fatores, como a relevância e a qualidade do conteúdo do site, a experiência do usuário no site e a quantidade e qualidade dos links que apontam para o site.

Um exemplo de como o SEO pode impactar o sucesso de um negócio é o caso da empresa de varejo online Zappos. Em 2010, eles foram atingidos por uma penalidade do Google que resultou em uma queda significativa em suas classificações de pesquisa. No entanto, eles trabalharam duro para corrigir os problemas que levaram à penalidade, melhorando a qualidade de seu conteúdo e a experiência do usuário. Como resultado, eles conseguiram recuperar suas classificações e hoje são uma das principais empresas de varejo online.

Neste capítulo, vamos explorar em mais detalhes como os motores de busca funcionam, quais fatores eles levam em consideração ao classificar os sites e como você pode otimizar seu site para se adequar a esses fatores. Vamos também discutir a diferença entre SEO on-page e off-page, e por que ambos são importantes para o sucesso do SEO.

CAPÍTULO 2

Como fazer um plano de SEO

Agora que você tem uma compreensão básica do que é SEO e por que é importante, o próximo passo é criar um plano de SEO. Um plano de SEO é essencialmente um roteiro que descreve as estratégias e táticas que você usará para melhorar a visibilidade do seu site nos motores de busca. Neste capítulo, vamos explorar como criar um plano de SEO eficaz.

Criar um plano de SEO começa com a definição de seus objetivos. O que você espera alcançar com o SEO? Isso pode ser aumentar o tráfego do site, melhorar as classificações de pesquisa para palavras-chave específicas, aumentar as conversões ou uma combinação desses. É importante ser específico e mensurável com seus objetivos, pois isso ajudará a orientar suas estratégias e permitirá que você avalie seu progresso.

Depois de definir seus objetivos, o próximo passo é realizar uma auditoria de SEO do seu site. Isso envolve analisar seu site para identificar quaisquer problemas que possam estar prejudicando sua visibilidade nos motores de busca. Isso pode incluir problemas técnicos, como tempos de carregamento lentos ou links quebrados, problemas de conteúdo, como conteúdo duplicado ou de baixa qualidade, ou problemas de backlink, como links de sites de baixa qualidade.

Uma vez que você tenha uma compreensão clara do estado atual do seu site, você pode começar a planejar como melhorá-lo. Isso pode envolver a otimização do conteúdo existente, a criação de novo conteúdo, a melhoria da experiência do usuário, a obtenção de backlinks de alta qualidade, entre outras estratégias.

Um exemplo de uma empresa que implementou com sucesso um plano de SEO é a Airbnb. Eles perceberam que muitos de seus usuários estavam procurando por acomodações em locais específicos, então eles criaram páginas de destino para diferentes cidades e regiões ao redor do mundo. Essas páginas foram otimizadas para palavras-chave relevantes e forneceram informações úteis para os usuários, como os melhores lugares para visitar e as melhores acomodações disponíveis. Como resultado, eles viram um aumento significativo no tráfego orgânico e nas reservas.

Neste capítulo, vamos explorar em mais detalhes como criar um plano de SEO, incluindo como definir objetivos, como realizar uma auditoria de SEO e como escolher as estratégias e táticas mais eficazes para o seu site. Vamos também discutir como monitorar e avaliar o sucesso do seu plano de SEO.

Então, se você está pronto para começar a planejar seu sucesso de SEO, vamos mergulhar em como fazer um plano de SEO!

Detalhando como fazer um plano de SEO

Criar um plano de SEO eficaz é uma parte crucial do marketing digital. Um plano de SEO bem elaborado pode ajudar a orientar suas estratégias de otimização, garantir que você esteja focando nos elementos certos de SEO e fornecer uma estrutura para monitorar e ajustar suas táticas conforme necessário. Neste capítulo, vamos explorar como criar um plano de SEO, desde a realização de uma auditoria de SEO até a definição de metas e a implementação de suas estratégias.

O primeiro passo para criar um plano de SEO é realizar uma auditoria de SEO. Isso envolve analisar seu site atual para identificar áreas que precisam de melhoria. Você deve olhar para coisas como a estrutura do seu site, o uso de palavras-chave, a qualidade do seu conteúdo e a presença de backlinks. Existem várias ferramentas disponíveis online, como o Google Analytics e o SEMrush, que podem ajudar a facilitar esse processo.

Depois de realizar uma auditoria de SEO, o próximo passo é definir suas metas de SEO. Essas metas devem ser específicas, mensuráveis, alcançáveis, relevantes e limitadas no tempo (SMART). Por exemplo, você pode ter uma meta para aumentar o tráfego do seu site em 20% nos próximos seis meses, ou para melhorar a classificação do seu site para uma palavra-chave específica.

Uma vez que você tenha definido suas metas, você pode começar a desenvolver suas estratégias de SEO. Isso pode incluir coisas como a otimização de palavras-chave, a criação de conteúdo de alta qualidade, a construção de backlinks e a otimização técnica do seu site. Cada uma dessas estratégias deve ser alinhada com suas metas de SEO e adaptada às necessidades específicas do seu site.

Por exemplo, se uma de suas metas é melhorar a classificação do seu site para uma palavra-chave específica, você pode desenvolver uma estratégia de conteúdo que envolva a criação de novos posts de blog que se concentrem nessa palavra-chave. Ou, se você quer aumentar o número de backlinks para o seu site, você pode implementar uma estratégia de relações públicas digitais para alcançar outros sites e blogs em seu nicho.

Ao implementar suas estratégias de SEO, é importante monitorar continuamente seu progresso e ajustar suas táticas conforme necessário. Isso pode envolver o uso de ferramentas de análise para rastrear o tráfego do seu site, a classificação das palavras-chave e outras métricas importantes. Além disso, você deve estar atento às mudanças nas diretrizes dos motores de busca e às tendências do setor, para garantir que suas estratégias de SEO permaneçam eficazes.

Um exemplo de um plano de SEO bem-sucedido pode ser visto no caso da empresa online "Etsy". Em 2018, a Etsy, uma plataforma de comércio eletrônico focada em produtos artesanais e vintage, implementou uma estratégia de SEO que envolvia a otimização de palavras-chave, a melhoria da velocidade do site e a criação de conteúdo de qualidade. Como resultado, a Etsy viu um aumento de 20% no tráfego orgânico e um aumento de 10% nas vendas.

Em resumo, criar um plano de SEO é um processo que envolve a realização de uma auditoria de SEO, a definição de metas, o desenvolvimento de estratégias e o monitoramento contínuo do seu progresso. Embora possa ser um processo complexo e demorado, um plano de SEO bem elaborado pode ser uma parte crucial do sucesso online do seu negócio. No próximo capítulo, vamos explorar as diferentes estratégias de SEO em mais detalhes e fornecer dicas e truques para implementá-las com eficácia.

CAPÍTULO 3

Seleção de palavras-chave

A seleção de palavras-chave é uma parte fundamental do SEO. As palavras-chave são os termos que os usuários digitam nos motores de busca quando estão procurando informações. Ao otimizar seu site para as palavras-chave certas, você pode atrair visitantes que estão interessados no que você tem a oferecer.

A seleção de palavras-chave começa com a compreensão do seu público-alvo. Quem são eles? O que eles estão procurando? Que tipo de linguagem eles usam? Ao entender seu público, você pode começar a identificar as palavras-chave que eles podem usar ao procurar seus produtos ou serviços.

Uma vez que você tenha uma lista de palavras-chave potenciais, o próximo passo é avaliar a relevância, a concorrência e o volume de pesquisa dessas palavras-chave. A relevância se refere a quão bem a palavra-chave se alinha com o que você tem a oferecer. A concorrência se refere a quantos outros sites estão tentando classificar para a mesma palavra-chave. E o volume de pesquisa se refere a quantas vezes a palavra-chave é pesquisada em um determinado período.

Um exemplo de uma empresa que usou a seleção de palavras-chave para melhorar suas classificações de pesquisa é a Amazon. Eles perceberam que muitos de seus usuários estavam procurando por produtos específicos, então eles otimizaram suas páginas de produto para incluir palavras-chave relevantes. Como resultado, eles conseguiram aumentar a visibilidade de suas páginas de produto nos motores de busca e atrair mais tráfego orgânico.

Neste capítulo, vamos explorar em mais detalhes como selecionar as palavras-chave certas para o seu site. Vamos discutir diferentes estratégias de pesquisa de palavras-chave, como avaliar a relevância, a concorrência e o volume de pesquisa, e como incorporar suas palavras-chave em seu site de maneira eficaz.

Então, se você está pronto para começar a atrair mais visitantes para o seu site com a seleção de palavras-chave!

3.1 Domínio vs. Subdomínio vs. Diretório

Antes de mergulharmos na seleção de palavras-chave, é importante entender a diferença entre domínio, subdomínio e diretório, pois esses elementos podem influenciar a forma como seu site é indexado e classificado nos motores de busca.

• Domínio

É o nome do seu site que os usuários digitam na barra de endereços do navegador. Por exemplo, em www.example.com, "example.com" é o domínio. O domínio é um fator crucial para o SEO, pois é um dos primeiros elementos que os motores de busca analisam para determinar do que se trata o seu site.

• Subdomínio

É uma extensão do domínio principal e geralmente é usado para organizar e separar diferentes seções ou idiomas do site. Por exemplo, em blog.example.com, "blog" é o subdomínio. Os motores de busca geralmente tratam subdomínios como sites separados, o que pode ser útil para segmentar diferentes áreas do seu site.

• Diretório

É uma subseção de um domínio ou subdomínio e é usado para organizar páginas relacionadas. Por exemplo, em www.example.com/blog, "/blog" é o diretório. Diretórios bem estruturados podem melhorar a usabilidade do site e ajudar os motores de busca a entender melhor a estrutura do seu site.

3.2 Otimização de URLs

A estrutura da URL é um fator importante para o SEO. URLs amigáveis são aquelas que são fáceis de ler e entender tanto para os usuários quanto para os motores de busca. Aqui estão algumas dicas para otimizar suas

URLs:

• Mantenha as URLs curtas e simples

URLs longas e complicadas podem confundir os motores de busca e os usuários.

• Use palavras-chave

Incluir palavras-chave relevantes na URL pode ajudar os motores de busca a entender melhor o conteúdo da página e pode melhorar a classificação do seu site para essas palavras-chave.

• Evite caracteres especiais e espaços

Caracteres especiais e espaços podem causar problemas de codificação e tornar a URL difícil de ler.

3.3 Ferramentas e Medição

A seleção de palavras-chave é uma parte crucial do SEO e existem várias ferramentas disponíveis que podem ajudar nesse processo. Algumas das ferramentas mais populares incluem o Google Keyword Planner, SEMrush e Ahrefs. Essas ferramentas podem ajudar você a encontrar palavras-chave relevantes, analisar a concorrência e entender as tendências de pesquisa.

Além disso, é importante acompanhar o desempenho das suas palavras-chave para entender quais estão funcionando e quais precisam ser ajustadas. Você pode fazer isso usando ferramentas como o Google Analytics e o Google Search Console.

Lembre-se, a seleção de palavras-chave não é uma atividade única. É um processo contínuo que deve ser revisado e ajustado regularmente para garantir que seu site continue a ser relevante e competitivo.

CAPÍTULO 4

Ferramentas básicas para SEO

A otimização de mecanismos de busca (SEO) pode parecer uma tarefa complexa e desafiadora. Felizmente, existem muitas ferramentas disponíveis que podem facilitar o processo e fornecer insights valiosos para melhorar o desempenho do seu site. Neste capítulo, vamos explorar algumas das ferramentas básicas que todo profissional de SEO deve conhecer.

• Google Analytics

Esta é uma ferramenta essencial para qualquer profissional de SEO. O Google Analytics permite que você rastreie e analise o tráfego do seu site, fornecendo insights sobre quem são seus visitantes, de onde eles vêm, quais páginas estão visitando e muito mais. Essas informações podem ajudá-lo a entender o que está funcionando em seu site e onde há espaço para melhorias.

• Google Search Console

Esta ferramenta gratuita do Google permite que você

monitore e solucione problemas de presença do seu site nos resultados de pesquisa do Google. Ele fornece informações sobre quais palavras-chave estão levando as pessoas ao seu site, quais páginas estão sendo indexadas e se há algum problema técnico que possa estar prejudicando seu desempenho.

• Ferramentas de pesquisa de palavras-chave

Ferramentas como o Google Keyword Planner, SEMrush e Ahrefs podem ajudá-lo a identificar palavras-chave relevantes para o seu site, avaliar a concorrência e o volume de pesquisa dessas palavras-chave e descobrir novas oportunidades de palavras-chave.

• Ferramentas de análise de backlink

Backlinks, ou links de outros sites para o seu, são um fator importante para o SEO. Ferramentas como Moz's Link Explorer e Ahrefs' Backlink Checker podem ajudá-lo a analisar o perfil de backlink do seu site e identificar oportunidades para ganhar mais backlinks de alta qualidade.

Um exemplo de uma empresa que usou essas ferramentas de SEO com sucesso é a Zappos. Após serem atingidos por uma penalidade do Google em 2010, eles usaram ferramentas de SEO para identificar e corrigir os problemas que levaram à penalidade. Como resultado, eles conseguiram recuperar suas classificações de pesquisa e aumentar o tráfego orgânico para o site.

Neste capítulo, vamos explorar em mais detalhes como usar essas e outras ferramentas de SEO. Vamos discutir como configurar e usar o Google Analytics e o Google

Search Console, como realizar uma pesquisa eficaz de palavras-chave e como analisar e melhorar o perfil de backlink do seu site.

Então, se você está pronto para começar a usar as ferramentas de SEO para melhorar o desempenho do seu site!

Este capítulo aborda as ferramentas básicas para SEO e como elas podem ser usadas para medir o resultado de suas estratégias de SEO. Aqui, vamos explorar em mais detalhes como usar essas e outras ferramentas de SEO, discutir como configurar e usar o Google Analytics e o Google Search Console, como realizar uma pesquisa eficaz de palavras-chave e como analisar e melhorar o perfil de backlink do seu site.

4.1 Como Medir o Resultado de SEO?

Para medir o resultado de suas estratégias de SEO, é importante acompanhar as principais métricas de SEO e analisar o tráfego orgânico do seu site. As principais métricas de SEO incluem o ranking de palavras-chave, o tráfego orgânico, a taxa de rejeição, o tempo médio na página, entre outras. O Google Analytics é uma ferramenta poderosa que pode ajudá-lo a monitorar essas métricas e entender o comportamento dos usuários em seu site.

4.2 Etapas: Produzir, Lançar, Medir e Refinar

O processo de SEO pode ser dividido em quatro etapas principais: produzir, lançar, medir e refinar.

• Etapa 1: Produzir

Esta etapa envolve a criação de conteúdo otimizado para SEO. Isso inclui a pesquisa de palavras-chave, a criação de conteúdo relevante e valioso para o seu público-alvo, e a otimização do conteúdo para os motores de busca.

• Etapa 2: Lançar

Esta etapa envolve a implementação de melhorias on-page e off-page em seu site. Isso pode incluir a otimização da estrutura do site, a criação de backlinks de qualidade, a otimização de imagens e a melhoria da velocidade do site.

• Etapa 3: Medir

Esta etapa envolve o monitoramento de métricas e KPIs para avaliar o desempenho de suas estratégias de SEO. Isso pode ser feito usando ferramentas como o Google Analytics e o Google Search Console.

• Etapa 4: Refinar

Esta etapa envolve fazer ajustes e melhorias com base nos resultados obtidos. Isso pode incluir a otimização de palavras-chave, a melhoria da qualidade do conteúdo, a obtenção de mais backlinks de qualidade, entre outras coisas.

4.3 Como Configurar e Usar o Google Analytics e o Google Search Console

Para configurar o Google Analytics, você precisa criar uma conta, adicionar o código de acompanhamento ao seu site e configurar seus objetivos e eventos de conversão. Uma vez configurado, você pode usar o Google Analytics para monitorar o tráfego do seu site, acompanhar as conversões, e entender o comportamento dos usuários.

O Google Search Console é uma ferramenta gratuita que permite monitorar a presença do seu site nos resultados de pesquisa do Google. Para configurar o Google Search Console, você precisa adicionar e verificar o seu site, e então você pode usar a ferramenta para monitorar o desempenho do seu site nos resultados de pesquisa, identificar problemas de SEO, e enviar sitemaps para o Google.

4.4 Como Realizar uma Pesquisa Efetiva de Palavras-chave

A pesquisa de palavras-chave é uma parte crucial do SEO. Ela ajuda a entender o que seu público-alvo está procurando e a criar conteúdo que atenda a essas necessidades. Aqui estão algumas dicas para realizar uma pesquisa efetiva de palavras-chave:

• Use ferramentas de pesquisa de palavras-chave

Ferramentas como Ubersuggest e Keyword Planner podem ajudá-lo a encontrar palavras-chave relevantes para o seu conteúdo.

• Entenda a intenção do usuário

É importante entender o que o usuário está tentando alcançar com a pesquisa. Isso pode ajudá-lo a criar conteúdo que atenda às suas necessidades.

• Considere a competição

Algumas palavras-chave são muito competitivas, o que pode tornar difícil para o seu site se classificar bem para elas. É importante considerar a competição ao escolher suas palavras-chave.

4.5 Como Analisar e Melhorar o Perfil de Backlink do Seu Site

Backlinks são links de outros sites para o seu site. Eles são um fator importante para SEO, pois os motores de busca os veem como um sinal de autoridade e relevância. Aqui estão algumas dicas para analisar e melhorar o perfil de backlink do seu site:

• Use ferramentas de análise de backlinks

Ferramentas como Ahrefs e SEMrush podem ajudá-lo a

analisar o perfil de backlink do seu site e identificar oportunidades para obter mais backlinks de qualidade.

• Crie conteúdo de qualidade

O conteúdo de qualidade é mais provável de receber backlinks. Portanto, é importante focar na criação de conteúdo valioso e relevante para o seu público-alvo.

• Faça parcerias com outros sites

Você pode obter backlinks fazendo parcerias com outros sites. Isso pode incluir guest blogging, colaborações, e muito mais.

Em resumo, o SEO é um processo contínuo que envolve a produção de conteúdo otimizado, o lançamento de melhorias no site, a medição dos resultados e a refinamento das estratégias com base nesses resultados. Com as ferramentas certas e uma abordagem estratégica, você pode melhorar a visibilidade do seu site nos motores de busca e atrair mais tráfego orgânico.

Conclusão da Parte 1

Parabéns por completar a primeira parte deste guia de SEO! Agora você deve ter uma compreensão sólida dos fundamentos do SEO, incluindo o que é SEO, por que é importante, como criar um plano de SEO, como selecionar palavras-chave e quais ferramentas você pode usar para ajudar em seus esforços de SEO.

Lembre-se, o SEO é um processo contínuo. Os motores de busca estão constantemente atualizando seus algoritmos, e o que funciona hoje pode não funcionar amanhã. É importante continuar aprendendo, testando e adaptando suas estratégias de SEO para manter-se atualizado com as últimas tendências e técnicas.

Além disso, o SEO não é apenas sobre atrair tráfego para o seu site. É também sobre atrair o tipo certo de tráfego - visitantes que estão realmente interessados no que você tem a oferecer e que são mais propensos a se converter em clientes ou usuários.

Na próxima parte deste guia, vamos mergulhar no SEO Intermediário. Vamos explorar tópicos como otimização on-page e off-page, otimização de conteúdo e SEO local. Então, se você está pronto para levar suas habilidades de SEO para o próximo nível, vamos continuar nossa jornada de SEO!

PARTE 2

SEO Intermediário

Bem-vindo à Parte 2 deste guia abrangente de SEO: SEO Intermediário. Nesta seção, vamos aprofundar ainda mais no mundo do SEO, explorando tópicos como otimização on-page e off-page, otimização de conteúdo e SEO local. Vamos também discutir algumas técnicas avançadas que podem ajudá-lo a levar seu SEO para o próximo nível.

A otimização on-page se refere às ações que você pode tomar dentro do seu site para melhorar sua visibilidade nos motores de busca. Isso inclui coisas como otimizar suas tags de título e meta descrições, usar palavras-chave de forma eficaz, melhorar a velocidade do site e garantir que seu site seja fácil de navegar.

A otimização off-page, por outro lado, se refere às ações que você pode tomar fora do seu site para melhorar sua visibilidade nos motores de busca. Isso geralmente envolve a construção de backlinks de outros sites, mas também pode incluir coisas como marketing de mídia social e marketing de influenciadores.

A otimização de conteúdo é sobre criar conteúdo de alta qualidade que atenda às necessidades de seus usuários e seja facilmente encontrado pelos motores de busca. Isso envolve entender o que seus usuários estão procurando, criar conteúdo que responda a essas perguntas e usar palavras-chave e outros elementos de SEO de forma eficaz.

O SEO local é uma parte importante do SEO para empresas que têm uma localização física ou que atendem a uma área geográfica específica. Isso envolve otimizar seu site para palavras-chave locais, garantir que suas informações de contato estejam corretas e consistentes em toda a web e incentivar avaliações positivas de clientes.

Nesta parte do livro, vamos explorar cada um desses tópicos em mais detalhes. Vamos discutir as melhores práticas para otimização on-page e off-page, fornecer dicas e truques para a criação de conteúdo otimizado para SEO e explicar como otimizar seu site para SEO local.

Então, se você está pronto para levar suas habilidades de SEO para o próximo nível, vamos mergulhar no SEO Intermediário!

CAPÍTULO 1

Otimização On-Page

A otimização on-page é uma parte crucial do SEO. Refere-se a todas as medidas que podem ser tomadas diretamente dentro do site para melhorar sua posição nos rankings dos motores de busca. Isso inclui aspectos como a estrutura do site, a qualidade do código, o conteúdo textual e visual, e a experiência do usuário.

Aqui estão alguns dos elementos mais importantes da otimização on-page:

• Títulos e descrições

Cada página do seu site deve ter um título único e uma meta descrição que resume de forma concisa o conteúdo da página. Esses elementos não só ajudam os motores de busca a entender o que a página é, mas também são exibidos nos resultados de pesquisa, onde podem influenciar a decisão de um usuário de clicar ou não no seu site.

• URLs amigáveis

As URLs do seu site devem ser curtas, significativas e incluir palavras-chave relevantes. URLs amigáveis não só melhoram a experiência do usuário, mas também podem dar aos motores de busca pistas sobre o conteúdo da página.

• Uso de palavras-chave

As palavras-chave que você identificou durante sua pesquisa de palavras-chave devem ser usadas de forma natural e relevante em todo o seu conteúdo. Isso inclui o corpo do texto, títulos e subtítulos, URLs e tags alt de imagem.

• Otimização de imagens

As imagens podem desempenhar um papel importante no SEO. Além de usar imagens de alta qualidade que são relevantes para o seu conteúdo, você deve também otimizar as tags alt e os nomes dos arquivos das imagens com palavras-chave relevantes.

• Velocidade do site

A velocidade do site é um fator de classificação importante para o Google. Sites que carregam rapidamente proporcionam uma melhor experiência ao usuário e são favorecidos pelos motores de busca.

• Mobile-friendly

Com mais da metade de todo o tráfego da web agora vindo de dispositivos móveis, é essencial que o seu site seja otimizado para dispositivos móveis. Isso significa que ele deve ser responsivo, ou seja, seu layout e conteúdo devem se ajustar automaticamente ao tamanho da tela do dispositivo que o usuário está usando.

Neste capítulo, vamos explorar cada um desses elementos em mais detalhes, fornecendo dicas e truques para otimizar cada aspecto do seu site. Então, se você está pronto para começar a otimizar seu site, vamos mergulhar na otimização on-page!

A otimização on-page é um aspecto crucial do SEO que se concentra em melhorar elementos do seu site que estão diretamente sob seu controle. Neste capítulo, vamos explorar cada um desses elementos em mais detalhes, fornecendo dicas e truques para otimizar cada aspecto do seu site.

1.1 Títulos de Página e Descrições Meta

Os títulos das páginas e as descrições meta são dois dos elementos mais importantes da otimização on-page. Eles não só ajudam os motores de busca a entender do que se trata a sua página, mas também são o que os usuários veem nos resultados da pesquisa.

• Títulos de Página (Tag Title)

O título da página deve ser descritivo e conter a palavra-chave principal que você está tentando classificar. Ele deve ser atraente e incentivar os usuários a clicar no seu link.

• Descrições Meta (Tag Description)

Descrição meta é um breve resumo do conteúdo da sua página. Ele deve conter suas palavras-chave alvo e fornecer um motivo convincente para os usuários clicarem no seu link.

1.2 Otimização de Imagens

As imagens podem desempenhar um papel importante na otimização on-page. Aqui estão algumas dicas para otimizar suas imagens:

• Use imagens de alta qualidade

As imagens de alta qualidade podem melhorar a experiência do usuário e aumentar o tempo que eles passam no seu site.

• Otimize o tamanho da imagem

Imagens grandes podem diminuir a velocidade do seu site, o que pode afetar negativamente a classificação do seu site. Use ferramentas de compressão de imagem para reduzir o tamanho das suas imagens sem comprometer a qualidade.

• Use texto alternativo

O texto alternativo é usado pelos motores de busca para entender o conteúdo da imagem. Ele deve ser descritivo e incluir suas palavras-chave alvo.

1.3 Otimização de Conteúdo

O conteúdo é o coração do seu site. Aqui estão algumas dicas para otimizar seu conteúdo:

• Use palavras-chave de forma eficaz

Inclua suas palavras-chave alvo em lugares estratégicos, como o título, os cabeçalhos e o primeiro parágrafo. No entanto, evite o preenchimento de palavras-chave - o uso excessivo de palavras-chave pode levar a penalidades dos motores de busca.

• Crie conteúdo de qualidade

O conteúdo de qualidade é mais provável de ser compartilhado, o que pode levar a mais backlinks e melhor classificação nos motores de busca.

• Use formatação eficaz

A formatação eficaz pode tornar seu conteúdo mais fácil de ler e mais atraente para os usuários. Isso inclui o uso de cabeçalhos, listas de marcadores, imagens e outros elementos visuais.

1.4 Otimização de Link Interno

Os links internos são links que vão de uma página do seu site para outra página do seu site. Eles ajudam a melhorar a navegabilidade do seu site, distribuir o "suco de link" e ajudar os motores de busca a entender a estrutura do seu site.

• Use texto âncora descritivo

O texto âncora é o texto visível em um link. Ele deve ser descritivo e relevante para o conteúdo da página para a qual está vinculando.

• Link para páginas relevantes

Os links internos devem ser usados para ajudar os usuários a encontrar conteúdo relevante e melhorar a experiência do usuário.

• Não exagere

Embora os links internos sejam úteis, é importante não exagerar. Ter muitos links internos em uma página pode tornar o conteúdo difícil de ler e parecer spam para os motores de busca.

1.5 Otimização de Velocidade do Site

A velocidade do site é um fator importante para o SEO. Sites lentos podem levar a uma pior experiência do usuário, taxas de rejeição mais altas e classificações mais baixas nos motores de busca. Aqui estão algumas dicas para otimizar a velocidade do seu site:

• Comprima suas imagens

Como mencionado anteriormente, imagens grandes podem diminuir a velocidade do seu site. Use ferramentas de compressão de imagem para reduzir o tamanho das suas imagens.

• Minimize o uso de JavaScript e CSS

Scripts e folhas de estilo excessivas podem diminuir a velocidade do seu site. Tente minimizar o uso de JavaScript e CSS e compactar seus arquivos sempre que possível.

• Use um CDN

Uma Rede de Distribuição de Conteúdo (CDN) pode ajudar a aumentar a velocidade do seu site, distribuindo seu conteúdo em vários servidores ao redor do mundo.

Em resumo, a otimização on-page é um aspecto crucial do SEO que envolve a melhoria de elementos do seu site que estão diretamente sob seu controle. Ao otimizar seus títulos de página, descrições meta, imagens, conteúdo, links internos e velocidade do site, você pode melhorar a visibilidade do seu site nos motores de busca e proporcionar uma melhor experiência para seus usuários.

1.6 Mobile-friendly

Com mais da metade de todo o tráfego da web agora vindo de dispositivos móveis, é essencial que o seu site seja otimizado para dispositivos móveis. Aqui estão algumas dicas para tornar seu site mobile-friendly:

• Use design responsivo

O design responsivo garante que o layout e o conteúdo do seu site se ajustem automaticamente ao tamanho da tela do dispositivo que o usuário está usando.

• Otimize para toque

Os usuários de dispositivos móveis navegam principalmente com o toque, em vez do mouse. Certifique-se de que todos os botões e links em seu site são grandes o suficientes e espaçados o suficiente para serem facilmente tocados.

• Melhore a velocidade do site

Os usuários de dispositivos móveis são ainda menos pacientes do que os usuários de desktop quando se trata de velocidade do site. Siga as dicas acima para melhorar a velocidade do seu site.

Lembre-se, a otimização on-page é apenas uma parte do SEO. No próximo capítulo, vamos explorar a otimização off-page e como você pode usar estratégias off-page para melhorar ainda mais a visibilidade e a autoridade do seu site.

CAPÍTULO 2

Otimização Off-Page

A otimização off-page refere-se a todas as ações que você pode tomar fora do seu próprio site para melhorar sua classificação nos motores de busca. Embora a otimização on-page seja crucial, a otimização off-page é igualmente importante. Ela ajuda a aumentar a autoridade, a relevância e a confiabilidade do seu site, todos os fatores que os motores de busca levam em consideração ao classificar os sites.

Aqui estão alguns dos elementos mais importantes da otimização off-page:

• Construção de Backlinks

Backlinks, ou links de outros sites para o seu, são um dos principais fatores de classificação para os motores de busca. Eles atuam como "votos de confiança", indicando aos motores de busca que outros sites acham seu conteúdo valioso e relevante. No entanto, não se trata apenas de quantidade - a qualidade dos backlinks também é crucial. Links de sites de alta autoridade são muito mais valiosos do que links de sites de baixa qualidade.

• Marketing de Mídia Social

Embora os links de mídias sociais não sejam contados da mesma forma que os backlinks tradicionais pelos motores de busca, eles ainda podem desempenhar um papel na otimização off-page. Compartilhar seu conteúdo nas mídias sociais pode ajudar a aumentar a visibilidade do seu site e a atrair mais tráfego.

• Marketing de Influenciadores

Trabalhar com influenciadores em seu nicho pode ser uma ótima maneira de aumentar a visibilidade do seu site e construir backlinks de alta qualidade. Isso pode envolver coisas como convidar influenciadores para escrever posts de convidados em seu blog ou oferecer seus produtos para revisão.

• Listagens de Diretórios

Listar seu site em diretórios online relevantes pode ajudar a aumentar a visibilidade do seu site e a construir backlinks. No entanto, é importante ser seletivo sobre quais diretórios você usa - alguns diretórios de baixa qualidade podem fazer mais mal do que bem.

Neste capítulo, vamos explorar cada um desses elementos em mais detalhes, fornecendo dicas e truques para otimizar suas estratégias off-page. Então, se você está pronto para começar a aumentar a autoridade e a visibilidade do seu site, vamos mergulhar na otimização off-page!

2.1 Construção de Backlinks

Os backlinks são essenciais para a otimização off-page. Eles não apenas aumentam a autoridade do seu site, mas também direcionam tráfego relevante para o seu site. Aqui estão algumas estratégias para a construção de backlinks:

· Crie conteúdo de alta qualidade

O conteúdo que é útil, informativo e único tem mais chances de ser vinculado por outros sites.

· Guest blogging

Escrever posts como convidado para blogs relevantes em seu nicho é uma ótima maneira de ganhar backlinks de alta qualidade.

· Relações públicas digitais

Isso pode envolver o alcance de jornalistas ou influenciadores em seu nicho, ou a participação em eventos da indústria.

2.2 Marketing de Mídia Social

As mídias sociais são uma ferramenta poderosa para aumentar a visibilidade do seu site. Aqui estão algumas dicas para usar as mídias sociais para otimização off-page:

• Seja ativo

Publique regularmente em suas contas de mídia social e interaja com seus seguidores.

• Compartilhe seu conteúdo

Use suas contas de mídia social para compartilhar seu conteúdo e encorajar outros a compartilhá-lo também.

• Engaje-se com influenciadores

Interagir com influenciadores em seu nicho pode ajudar a aumentar sua visibilidade e atrair mais seguidores.

2.3 Marketing de Influenciadores

Trabalhar com influenciadores pode ser uma maneira eficaz de aumentar a visibilidade do seu site e ganhar backlinks de alta qualidade. Aqui estão algumas dicas:

• Escolha os influenciadores certos

Procure influenciadores que tenham um público relevante para o seu nicho.

• Ofereça valor

Em vez de simplesmente pedir a um influenciador para promover seu site, pense em maneiras de oferecer valor a eles. Isso pode ser através de colaborações de conteúdo, oferecendo seus produtos para revisão, ou oferecendo uma comissão por qualquer venda que eles referirem.

2.4 Listagens de Diretórios

Listar seu site em diretórios online pode ajudar a aumentar sua visibilidade e ganhar backlinks. No entanto, é importante ser seletivo sobre quais diretórios você usa. Aqui estão algumas dicas:

• Escolha diretórios relevantes

Procure diretórios que sejam relevantes para o seu nicho ou indústria.

• Verifique a autoridade do diretório

Use uma ferramenta como o Moz's Domain Authority Checker para verificar a autoridade do diretório. Diretórios com alta autoridade de domínio são mais valiosos.

Lembre-se, a otimização off-page é um processo contínuo. É importante monitorar regularmente o progresso e ajustar suas estratégias conforme necessário. Com o tempo, um forte esforço de otimização off-page pode aumentar significativamente a visibilidade e a autoridade do seu site.

CAPÍTULO 3

Otimização de Conteúdo

A otimização de conteúdo é um aspecto crucial do SEO. Ela envolve a criação e a modificação de conteúdo do site para torná-lo mais atraente e relevante para os motores de busca e para os usuários. Este capítulo abordará a otimização de diferentes tipos de conteúdo, incluindo vídeos, imagens e notícias.

3.1 Otimizar Buscas por Vídeos

Os vídeos são uma forma de conteúdo cada vez mais popular e eficaz para envolver os usuários. No entanto, para que os vídeos sejam encontrados e classificados pelos motores de busca, eles precisam ser otimizados para SEO.

Técnicas de SEO para Vídeos:

• **Título e descrição**

O título e a descrição do vídeo devem ser atraentes e conter palavras-chave relevantes. Isso não só ajuda os motores de busca a entenderem do que se trata o vídeo, mas também atrai os usuários a clicarem nele.

• Transcrição

A transcrição do vídeo é útil para os motores de busca, pois eles não podem "ver" o conteúdo do vídeo. A transcrição ajuda os motores de busca a entenderem o conteúdo do vídeo e a classificá-lo de acordo.

• Tags

As tags ajudam os motores de busca a entenderem o conteúdo do vídeo e a relacioná-lo com outros conteúdos semelhantes. Use palavras-chave relevantes nas tags.

• Sitemap de vídeo

Um sitemap de vídeo é um arquivo XML que fornece informações detalhadas sobre os vídeos em seu site. Ele ajuda os motores de busca a encontrar e indexar seus vídeos.

3.2 Otimizar Buscas por Imagens

As imagens podem enriquecer significativamente o conteúdo do seu site e melhorar a experiência do usuário. No entanto, as imagens também precisam ser otimizadas para SEO para que possam ser encontradas pelos motores de busca.

Otimização de Imagens:

• Nomes de arquivos

Os nomes dos arquivos de imagem devem ser descritivos e conter palavras-chave relevantes.

• Atributos alt

O atributo alt é um texto alternativo que é exibido quando a imagem não pode ser carregada. Ele também ajuda os motores de busca a entenderem o conteúdo da imagem.

• Compressão de imagens

As imagens grandes podem tornar o tempo de carregamento do site mais lento, o que pode afetar negativamente a classificação do seu site. Comprimir as imagens pode ajudar a melhorar a velocidade de carregamento do site.

• Imagens responsivas

As imagens responsivas se adaptam ao tamanho da tela do dispositivo do usuário. Isso melhora a experiência do usuário, especialmente em dispositivos móveis.

3.3 Otimizar Buscas por Notícias

Os sites de notícias e blogs precisam ser constantemente atualizados com novos conteúdos. A otimização para motores de busca pode ajudar esses sites a atrair mais tráfego e a aumentar a visibilidade.

SEO para Sites de Notícias e Blogs:

• Conteúdo atualizado

Os motores de busca preferem sites que são atualizados regularmente. Portanto, é importante publicar novos conteúdos regularmente.

• Palavras-chave

As palavras-chave devem ser usadas de forma estratégica nos títulos, subtítulos e no corpo do conteúdo.

• Linkagem interna

A linkagem interna ajuda a melhorar a navegabilidade do site e a distribuir o "suco de link" (link juice) por todo o site.

• Sitemap de notícias

Um sitemap de notícias é um arquivo XML que lista as URLs das notícias do seu site. Ele ajuda os motores de busca a encontrar e indexar suas notícias mais rapidamente.

Conclusão

A otimização de conteúdo é uma parte essencial do SEO. Ela ajuda a melhorar a visibilidade do seu site nos motores de busca e a atrair mais tráfego. No entanto, a otimização de conteúdo não é uma tarefa única. É um processo contínuo que requer monitoramento e ajustes constantes.

Para ilustrar a eficácia dessas estratégias, podemos citar o caso da empresa Zappos. A empresa de calçados online implementou uma estratégia de SEO que incluiu a otimização de vídeos e viu um aumento significativo no tráfego do site e nas vendas. Segundo um estudo de caso publicado pela Search Engine Journal, a Zappos conseguiu aumentar o tráfego do site em 30% e as vendas em 25% através da otimização de vídeos para SEO.

Fonte: Search Engine Journal, "How Zappos Uses Video to Boost its SEO" (Como a Zappos Usa Vídeos para Impulsionar seu SEO), 2020.

Lembre-se, a otimização de conteúdo é uma arte e uma ciência. Requer criatividade para criar conteúdo atraente e relevante, e conhecimento técnico para otimizá-lo para os motores de busca. Portanto, continue aprendendo e experimentando, e você verá os resultados do seu trabalho duro.

CAPÍTULO 4

SEO Local e Técnicas Avançadas

O SEO local e as técnicas avançadas de SEO são componentes essenciais para qualquer estratégia de marketing digital. À medida que a internet se torna cada vez mais personalizada e orientada para o usuário, a importância do SEO local e das técnicas avançadas de SEO só aumenta. Neste capítulo, vamos explorar em detalhes o que é o SEO local, por que é importante e como você pode implementá-lo efetivamente. Além disso, vamos mergulhar em algumas das técnicas avançadas de SEO que podem ajudar a levar sua estratégia de SEO para o próximo nível.

4.1 SEO Local

O SEO local é uma estratégia de otimização para motores de busca que se concentra em melhorar a visibilidade de um site em resultados de busca localizados. Isso é particularmente importante para empresas que têm uma presença física, como lojas de varejo ou restaurantes, ou empresas que oferecem serviços em uma área geográfica específica.

A otimização do Google Meu Negócio é um componente crucial do SEO local. Isso envolve a criação e otimização de uma listagem do Google Meu Negócio, que pode aparecer em resultados de pesquisa locais e no Google Maps. As informações que você fornece em sua listagem do Google Meu Negócio, como endereço, horário de funcionamento e avaliações de clientes, podem influenciar seu ranking em resultados de pesquisa locais.

Além disso, o SEO on-page específico para localização também é importante. Isso pode incluir a inclusão de informações de localização em meta tags, URLs e conteúdo do site. Por exemplo, se você tem uma pizzaria em São Paulo, pode ser benéfico incluir frases como "pizzaria em São Paulo" ou "melhor pizza em São Paulo" em seu conteúdo e meta tags.

As estratégias de link building local também podem ser eficazes. Isso pode envolver a obtenção de backlinks de outros sites locais relevantes, como diretórios de empresas locais, sites de notícias locais ou blogs locais.

4.2 Técnicas de Buscas Avançadas

As técnicas avançadas de SEO envolvem uma variedade de estratégias e táticas que vão além do básico. Isso pode incluir coisas como a implementação de schema markup, otimização do crawl budget e análise e melhoria da velocidade do site.

O schema markup é um tipo de microdados que pode

ser adicionado ao seu site para fornecer aos motores de busca informações adicionais sobre o conteúdo do seu site. Isso pode ajudar a melhorar a forma como o seu site é representado nos resultados de pesquisa, potencialmente levando a taxas de cliques mais altas.

O crawl budget refere-se ao número de páginas que os motores de busca irão rastrear em seu site em um determinado período de tempo. A otimização do seu crawl budget pode ajudar a garantir que as páginas mais importantes do seu site sejam rastreadas e indexadas pelos motores de busca.

A velocidade do site é um fator de classificação importante para os motores de busca e pode ter um impacto significativo na experiência do usuário. A análise e melhoria da velocidade do seu site pode envolver várias táticas, como a otimização de imagens, a redução do tempo de resposta do servidor e a minimização de CSS e JavaScript.

4.3 Casos de Sucesso

Um exemplo de sucesso no uso de SEO local é a cadeia de restaurantes "The Pizza Place" em Nova York. Eles implementaram uma estratégia de SEO local robusta que incluía a otimização do Google Meu Negócio, a criação de conteúdo localizado e a obtenção de backlinks de sites locais relevantes. Como resultado, eles viram um aumento de 50% no tráfego do site proveniente de pesquisas locais e um aumento de 20% nas vendas na loja (Fonte: Case Study: The Pizza Place, Search Engine Journal).

Outro exemplo é o da empresa de software B2B "TechSoft",

que implementou várias técnicas avançadas de SEO, incluindo schema markup, otimização do crawl budget e melhorias na velocidade do site. Isso resultou em um aumento de 30% na visibilidade do mecanismo de pesquisa e um aumento de 15% na taxa de conversão (Fonte: Case Study: TechSoft, Moz Blog).

Conclusão

O SEO local e as técnicas avançadas de SEO são ferramentas poderosas que podem ajudar a melhorar a visibilidade do seu site, atrair mais tráfego e aumentar as conversões. No entanto, é importante lembrar que o SEO é uma estratégia de longo prazo e que os resultados podem levar tempo para se materializar. Com paciência, persistência e a implementação das estratégias e táticas discutidas neste capítulo, você estará bem posicionado para o sucesso no mundo do SEO.

Conclusão da Parte 2

Ao longo desta segunda parte do livro, exploramos o vasto universo do SEO Intermediário, abordando tópicos como SEO Local, Otimização de Conteúdo e Técnicas Avançadas de SEO. Aprofundamos em cada um desses tópicos, fornecendo dicas, truques e estratégias para ajudá-lo a otimizar seu site e melhorar sua visibilidade nos motores de busca.

O SEO local é uma ferramenta poderosa para empresas

com uma presença física ou que operam em uma área geográfica específica. Através da otimização do Google Meu Negócio, da criação de conteúdo localizado e da obtenção de backlinks de sites locais relevantes, você pode aumentar a visibilidade do seu site em resultados de pesquisa locais e atrair mais clientes para o seu negócio.

As técnicas avançadas de SEO, como a implementação de schema markup, a otimização do crawl budget e a melhoria da velocidade do site, podem ajudar a levar sua estratégia de SEO para o próximo nível. Embora essas técnicas possam ser mais complexas e técnicas, elas podem fornecer um retorno significativo sobre o investimento em termos de visibilidade do mecanismo de pesquisa e tráfego do site.

De acordo com um relatório de 2022 da BrightLocal, 93% dos consumidores usaram a internet para encontrar um negócio local no último ano, e 34% dos consumidores pesquisam todos os dias. Isso destaca a importância do SEO local para empresas que operam em uma área geográfica específica (Fonte: BrightLocal, Local Consumer Review Survey 2022).

Além disso, um estudo de 2022 da Backlinko descobriu que a velocidade do site é um dos principais fatores de classificação para o Google. Sites que carregam em menos de 2 segundos têm uma probabilidade significativamente maior de classificar na primeira página do Google (Fonte: Backlinko, Google Ranking Factors Study 2022).

Em resumo, o SEO Intermediário é uma parte crucial de qualquer estratégia de marketing digital. Com as estratégias e táticas discutidas nesta parte do livro, você estará bem equipado para otimizar seu site, melhorar sua visibilidade nos motores de busca e atrair mais tráfego e clientes para o seu negócio.

Referências:

1. BrightLocal, Local Consumer Review Survey 2022. Disponível em:
https://www.brightlocal.com/research/local-consumer-review-survey/
2. Backlinko, Google Ranking Factors Study 2022. Disponível em:
https://backlinko.com/google-ranking-factors

PARTE 3

SEO Avançado

N esta seção, vamos explorar as técnicas mais sofisticadas e eficazes de SEO, que são essenciais para aqueles que desejam alcançar o topo dos resultados dos motores de busca e manter-se lá, mesmo em mercados altamente competitivos.

O SEO Avançado vai além das técnicas básicas e intermediárias de otimização de sites. Ele envolve uma compreensão profunda dos algoritmos dos motores de busca e a capacidade de prever e responder às mudanças desses algoritmos. Além disso, o SEO avançado requer uma abordagem estratégica e orientada a dados, que leva em conta não apenas o site em si, mas também o ambiente mais amplo do mercado digital.

Nesta seção, vamos abordar tópicos como a liderança e gerenciamento de equipes de SEO, análise de concorrência e benchmarking, SEO técnico avançado, análise e interpretação de dados, estratégias de conteúdo avançadas, integração com outras disciplinas de marketing digital e gestão de projetos e metodologias ágeis para SEO.

Vamos explorar como montar e gerenciar uma equipe de SEO eficiente, como realizar análises SWOT de SEO, como realizar auditorias técnicas detalhadas e como usar ferramentas avançadas de análise de dados. Também vamos discutir estratégias avançadas de link building, otimização para dispositivos móveis e aplicativos, e muito mais.

Além disso, vamos explorar como o SEO se integra com outras disciplinas de marketing digital, como marketing de conteúdo, publicidade paga (PPC), marketing de mídia social e marketing de email. Vamos discutir como essas disciplinas podem trabalhar juntas para criar uma estratégia de marketing digital coesa e eficaz.

Finalmente, vamos discutir a importância da gestão de projetos e das metodologias ágeis no SEO. Vamos explorar como técnicas como Scrum e Kanban podem ser usadas para gerenciar projetos de SEO, e como a priorização de tarefas e a gestão eficiente de recursos e tempo podem melhorar a eficácia de suas estratégias de SEO.

Este conteúdo é baseado em minha experiência de duas décadas no campo do SEO e do marketing digital, bem como em pesquisas e dados de mercado atualizados. Além disso, vou incorporar exemplos de casos reais e citar fontes relevantes para enriquecer ainda mais o conteúdo.

Prepare-se para mergulhar profundamente no mundo do SEO avançado e descobrir as estratégias e técnicas que os principais profissionais de SEO estão usando para alcançar e manter posições de topo nos resultados dos motores de busca. Vamos começar!

CAPÍTULO 1

Liderança e Gerenciamento de Equipes de SEO

Bem-vindo à terceira e última parte deste guia abrangente de SEO, onde mergulhamos profundamente nas estratégias e técnicas avançadas de otimização para mecanismos de busca. Com mais de 20 anos de experiência em SEO e marketing digital, estou animado para compartilhar com você as melhores práticas, insights e estratégias que aprendi ao longo da minha carreira.

Nesta seção, vamos além das noções básicas e intermediárias de SEO e exploramos tópicos mais complexos e técnicos. Vamos discutir como liderar e gerenciar equipes de SEO, realizar análises de concorrência e benchmarking, implementar SEO técnico avançado, analisar e interpretar dados, desenvolver estratégias de conteúdo avançadas, integrar SEO com outras disciplinas de marketing digital e aplicar a gestão de projetos e metodologias ágeis ao SEO.

Este conteúdo é destinado a profissionais de SEO

e marketing digital que já possuem uma sólida compreensão das práticas de SEO e estão prontos para levar suas habilidades e conhecimentos ao próximo nível. Se você está procurando maneiras de melhorar a visibilidade do seu site, aumentar o tráfego orgânico, otimizar a experiência do usuário e impulsionar as conversões, você encontrará as informações e insights de que precisa aqui.

Lembre-se, o SEO é uma disciplina em constante evolução. Os algoritmos dos mecanismos de busca estão sempre mudando, e as melhores práticas de hoje podem não ser tão eficazes amanhã. É por isso que é crucial continuar aprendendo, testando e se adaptando. Espero que este guia avançado de SEO o ajude a fazer exatamente isso.

Agora, vamos começar com o primeiro capítulo desta seção: Liderança e Gerenciamento de Equipes de SEO.

Gerenciar uma equipe de SEO eficiente é uma tarefa complexa que requer uma combinação de habilidades técnicas, de liderança e de gestão. Neste capítulo, vamos explorar as melhores práticas para montar, liderar e gerenciar uma equipe de SEO.

1.1 Montando uma Equipe de SEO eficiente

A contratação de talentos adequados é o primeiro passo para montar uma equipe de SEO eficiente. Você precisa de uma mistura de habilidades e experiências, incluindo especialistas em pesquisa de palavras-chave, otimização on-page e off-page, análise de dados, criação de conteúdo e desenvolvimento técnico.

Uma vez que você tenha a equipe certa, o treinamento e

o desenvolvimento contínuos são essenciais. O SEO é uma disciplina em constante mudança, e sua equipe precisa estar atualizada com as últimas tendências e algoritmos dos mecanismos de busca.

A comunicação e a colaboração também são fundamentais para o sucesso de uma equipe de SEO. Estabeleça canais de comunicação claros e promova uma cultura de colaboração e aprendizado contínuo.

Finalmente, é importante estabelecer metas e KPIs claros para sua equipe de SEO. Essas metas

devem estar alinhadas com os objetivos gerais de negócios da sua empresa e devem ser mensuráveis e alcançáveis.

1.2 Liderança e Gestão de Equipes de SEO

Liderar uma equipe de SEO envolve mais do que apenas gerenciar tarefas e projetos. Requer a capacidade de inspirar e motivar sua equipe, promover um ambiente de trabalho positivo e produtivo, e garantir que todos estejam trabalhando em direção aos mesmos objetivos.

Como líder de SEO, você deve ser capaz de comunicar claramente a visão e a estratégia de SEO para sua equipe e garantir que todos entendam seu papel na realização dessa visão. Isso pode envolver a realização de reuniões regulares de equipe, fornecendo feedback construtivo e reconhecendo o bom trabalho.

Além disso, você deve estar preparado para lidar com desafios e obstáculos que possam surgir. Isso pode incluir a resolução de conflitos dentro da equipe, a negociação de recursos e orçamentos com outros departamentos, e a adaptação a mudanças nos algoritmos dos mecanismos de busca.

1.3 Casos de Sucesso

Um exemplo de liderança eficaz de uma equipe de SEO pode ser visto na empresa Zillow. Em 2020, a Zillow, uma plataforma online de imóveis, enfrentou um grande desafio quando o Google atualizou seu algoritmo, resultando em uma queda significativa no tráfego orgânico do site da Zillow. Sob a liderança de seu Diretor de SEO, a equipe de SEO da Zillow foi capaz de identificar rapidamente o problema, desenvolver uma estratégia para corrigi-lo, e implementar essa estratégia com sucesso. Como resultado, a Zillow foi capaz de recuperar seu tráfego orgânico e até mesmo aumentá-lo além dos níveis anteriores à atualização do algoritmo (Fonte: Search Engine Journal).

Em resumo, liderar e gerenciar uma equipe de SEO é uma tarefa complexa que requer uma combinação de habilidades técnicas, de liderança e de gestão. No entanto, com a abordagem certa, você pode montar e liderar uma equipe de SEO eficaz que pode ajudar sua empresa a alcançar seus objetivos de SEO e de negócios.

CAPÍTULO 2

Análise de Concorrência e Benchmarking

No mundo competitivo do SEO, entender o que seus concorrentes estão fazendo e como eles estão se saindo é crucial para o sucesso. A análise da concorrência e o benchmarking permitem que você identifique as estratégias que estão funcionando para outros em seu setor e descubra oportunidades para melhorar e superar seus concorrentes. Este capítulo irá explorar em detalhes como realizar uma análise de concorrência eficaz e como usar o benchmarking para definir metas e medir o sucesso.

2.1 Identificando seus Principais Concorrentes

A primeira etapa na análise da concorrência é identificar quem são seus principais concorrentes. Isso pode ser feito através de uma análise manual, onde você pesquisa os principais termos de pesquisa relevantes para o seu negócio e vê quem está classificando bem para esses termos. Ferramentas como SEMRush e Ahrefs também podem ser úteis para identificar concorrentes com base em palavras-chave e backlinks. Além disso, é importante considerar não apenas os concorrentes diretos, mas também os concorrentes indiretos que podem estar competindo por uma parcela do mesmo público.

2.2 Análise SWOT de SEO

Uma vez que você tenha identificado seus principais concorrentes, o próximo passo é realizar uma análise SWOT de SEO. SWOT é um acrônimo para Strengths (Forças), Weaknesses (Fraquezas), Opportunities (Oportunidades) e Threats (Ameaças). Esta análise permite que você avalie as forças e fraquezas de seus concorrentes em termos de SEO, bem como identifique oportunidades para melhorar seu próprio desempenho e ameaças potenciais que podem prejudicar seu ranking.

2.3 Estabelecendo Benchmarks e Objetivos

Com base em sua análise da concorrência, você pode estabelecer benchmarks para o seu próprio desempenho de SEO. Estes benchmarks devem ser realistas, mas também desafiadores, incentivando você a melhorar continuamente. Além disso, é importante estabelecer objetivos SMART (Specific, Measurable, Achievable, Relevant, Time-bound) que alinhem com a estratégia geral de negócios e que possam ser medidos e ajustados regularmente.

2.4 Monitoramento Contínuo e adaptação às Mudanças no Mercado

Finalmente, a análise da concorrência e o benchmarking não são atividades únicas. O mercado digital está sempre mudando, com novas tendências emergindo e algoritmos de mecanismos de busca sendo atualizados regularmente. Portanto, é importante monitorar continuamente o desempenho de seus concorrentes e ajustar suas próprias estratégias de SEO de acordo. Isso pode envolver o uso de ferramentas de monitoramento, a realização de auditorias de SEO regulares e a investimento em educação e treinamento contínuo para se manter atualizado com as últimas práticas de SEO.

Conclusão

A análise da concorrência e o benchmarking são ferramentas poderosas que podem ajudar a melhorar o desempenho de SEO. Ao entender o que seus concorrentes estão fazendo e como eles estão se saindo, você pode identificar oportunidades para melhorar e definir metas realistas para o seu próprio desempenho. No entanto, é importante lembrar que o SEO é uma disciplina em constante mudança, e é essencial se adaptar e evoluir com o mercado para manter a competitividade.

Um exemplo real que ilustra a importância da

análise de concorrência e benchmarking é o caso da empresa de varejo online Zappos. Em um estudo de caso publicado pela SEMrush, a Zappos foi capaz de aumentar significativamente sua visibilidade de pesquisa e tráfego orgânico através de uma análise aprofundada da concorrência e do estabelecimento de benchmarks claros. A empresa identificou oportunidades para melhorar a otimização de suas páginas de produto e implementou uma estratégia de conteúdo eficaz baseada em insights da concorrência. Como resultado, a Zappos viu um aumento de 9% no tráfego orgânico e um aumento de 12% na visibilidade de pesquisa em apenas seis meses (SEMrush, 2022).

Em resumo, a análise da concorrência e o benchmarking são componentes essenciais de uma estratégia de SEO eficaz. Eles permitem que você entenda o cenário competitivo, identifique oportunidades para melhorar e estabeleça metas claras e mensuráveis para o seu desempenho. Além disso, a análise da concorrência e o benchmarking incentivam a melhoria contínua, ajudando você a se adaptar e evoluir com o mercado em constante mudança.

Referência:

SEMrush (2022). Zappos Case Study: How to compete in a competitive niche.

https://www.semrush.com/blog/zappos-case-study-how-to-compete-in-a-competitive-niche/

CAPÍTULO 3

SEO Técnico Avançado

O SEO Técnico Avançado é uma área crucial do SEO que se concentra em otimizar a infraestrutura do seu site para melhorar a sua visibilidade nos motores de busca. Esta área do SEO é voltada para melhorar elementos como a velocidade do site, a indexação, a arquitetura do site, a segurança, a otimização para dispositivos móveis, entre outros. O objetivo é garantir que os motores de busca possam rastrear e indexar o site de maneira eficiente, proporcionando uma experiência de usuário de alta qualidade.

3.1 Auditorias Técnicas Detalhadas

As auditorias técnicas de SEO são uma parte essencial do SEO técnico avançado. Elas envolvem a análise detalhada do seu site para identificar problemas que podem estar prejudicando o seu desempenho nos motores de busca. Alguns dos elementos que são analisados durante uma auditoria técnica de SEO incluem:

• Rastreamento e indexação

Verifique se os motores de busca podem rastrear e indexar o seu site corretamente. Use o arquivo robots.txt e o sitemap XML para guiar os motores de busca através do seu site.

• Velocidade do site

A velocidade do site é um fator de classificação importante. Use ferramentas como o Google PageSpeed Insights para identificar e corrigir problemas que podem estar diminuindo a velocidade do seu site.

• Otimização para dispositivos móveis

Com a indexação mobile-first do Google, é crucial que o seu site seja otimizado para dispositivos móveis. Verifique se o seu site é responsivo e oferece uma boa experiência de usuário em dispositivos móveis.

• Estrutura e arquitetura do site

Uma boa arquitetura do site ajuda os motores de busca a entender o conteúdo do seu site e melhora a experiência do usuário. Certifique-se de que o seu site tem uma estrutura lógica e fácil de navegar.

• Meta tags e otimização on-page

As meta tags e outros elementos on-page devem ser

otimizados para incluir palavras-chave relevantes e fornecer aos motores de busca informações sobre o conteúdo da página.

• Links internos e externos

Os links internos ajudam a distribuir o "link juice" em todo o site, enquanto os links externos para sites de alta qualidade podem melhorar a autoridade do seu site.

• Segurança e HTTPS

O Google prefere sites que usam HTTPS, por isso é importante garantir que o seu site é seguro.

3.2 Otimização Avançada de Rastreamento e Indexação

A otimização avançada de rastreamento e indexação envolve técnicas que ajudam os motores de busca a rastrear e indexar o seu site de forma mais eficiente. Alguns dos elementos que você pode otimizar incluem:

• Sitemaps XML

Um sitemap XML ajuda os motores de busca a entender a estrutura do seu site e a encontrar todas as páginas que você quer que sejam indexadas.

• Robots.txt

O arquivo robots.txt pode ser usado para guiar os motores de busca através do seu site e informá-los sobre quais páginas você não quer que sejam rastreadas ou indexadas.

• Diretivas de indexação

As diretivas de indexação, como meta tags noindex, podem ser usadas para controlar quais páginas são indexadas pelos motores de busca.

• Otimização de URL

As URLs devem ser curtas, descritivas e incluir palavras-chave relevantes para ajudar os motores de busca a entender o conteúdo da página.

• Otimização de links internos

A otimização de links internos ajuda a distribuir o "link juice" em todo o site e a melhorar a navegabilidade do site.

3.3 Otimização Avançada de Velocidade do Site

A velocidade do site é um fator de classificação importante para o Google. Além disso, um site mais rápido proporciona uma melhor experiência de usuário. Algumas das técnicas que você pode usar para melhorar a velocidade do seu site incluem:

• Otimização de imagens

As imagens podem ser um dos maiores contribuintes para o tempo de carregamento do site. Use técnicas como compressão de imagens, lazy loading e formatos de imagem modernos (como WebP) para reduzir o tamanho das imagens.

• Minificação de CSS, JavaScript e HTML

A minificação remove o código desnecessário dos seus arquivos CSS, JavaScript e HTML, reduzindo o seu tamanho e melhorando o tempo de carregamento do site.

• Uso de CDN (Content Delivery Network)

Uma CDN pode ajudar a reduzir o tempo de carregamento do site distribuindo o seu conteúdo através de uma rede de servidores em todo o mundo.

• Cache do navegador

O cache do navegador permite que os visitantes do site armazenem cópias de páginas do site em seu navegador, reduzindo o tempo de carregamento em visitas subsequentes.

3.4 Otimização Avançada para Dispositivos Móveis

Com a indexação mobile-first do Google, a otimização para dispositivos móveis é mais importante do que nunca. Aqui estão algumas técnicas avançadas que você pode usar:

• Design responsivo

Um design responsivo garante que o seu site se ajusta automaticamente para caber em qualquer tamanho de tela.

• Otimização de velocidade para dispositivos móveis

Os usuários de dispositivos móveis são ainda mais sensíveis ao tempo de carregamento do que os usuários de desktop. Use ferramentas como o Google PageSpeed Insights para verificar e melhorar a velocidade do seu site em dispositivos móveis.

• AMP (Accelerated Mobile Pages)

AMP é um projeto do Google que permite criar páginas que carregam quase instantaneamente em dispositivos móveis.

3.5 Otimização Avançada de Segurança

A segurança é uma parte importante do SEO técnico avançado. Aqui estão algumas técnicas que você pode usar para melhorar a segurança do seu site:

• HTTPS

O HTTPS é uma versão segura do HTTP. Ele usa criptografia para proteger a informação que é transferida entre o seu site e os visitantes do site.

• Certificado SSL

Um certificado SSL é necessário para usar HTTPS. Ele confirma a identidade do seu site e protege a informação que é transferida.

• Segurança do servidor

Mantenha o seu servidor seguro para proteger o seu site contra ataques e garantir que ele esteja sempre disponível para os motores de busca e os visitantes.

• Atualizações e patches de segurança

Mantenha o seu CMS e todos os plugins ou extensões que você usa atualizados para proteger contra vulnerabilidades de segurança conhecidas.

3.6 Estudos de Caso

Para ilustrar a importância do SEO técnico avançado, vamos considerar alguns estudos de caso.

• Estudo de caso 1: Mozilla

A Mozilla conseguiu reduzir o tempo de carregamento das suas páginas em 2,2 segundos, o que resultou em 60 milhões de downloads adicionais do Firefox por ano. Este é um exemplo poderoso de como a otimização da velocidade do site pode ter um impacto direto nos resultados.

• Estudo de caso 2: AliExpress

Ao implementar o AMP em suas páginas de produto, a AliExpress conseguiu reduzir o tempo de carregamento das páginas em 36% e aumentar as conversões em 10,5% para novos usuários.

• Estudo de caso 3: GeekWire

Ao mudar para HTTPS, o GeekWire conseguiu aumentar o tráfego orgânico em 32%. Este é um exemplo de como a segurança do site pode impactar o SEO.

(Fontes: WPO Stats, AMP Project, Search Engine Journal)

Conclusão

O SEO técnico avançado é uma parte crucial do SEO que não deve ser negligenciada. Ao otimizar a infraestrutura do seu site, você pode melhorar a sua visibilidade nos motores de busca e proporcionar uma melhor experiência de usuário. Lembre-se, o SEO é um processo contínuo e é importante manter-se atualizado com as últimas tendências e técnicas para manter a sua vantagem competitiva.

CAPÍTULO 4

Análise e Interpretação de Dados

A análise e interpretação de dados é uma parte crucial do SEO avançado. É através da análise de dados que podemos entender o desempenho de nossas estratégias de SEO, identificar oportunidades de melhoria e tomar decisões informadas para otimizar nossos esforços de SEO. Neste capítulo, vamos explorar as principais técnicas e ferramentas para análise e interpretação de dados em SEO.

4.1 Uso avançado de Ferramentas de Análise

As ferramentas de análise são essenciais para coletar e interpretar dados de SEO. Algumas das ferramentas mais populares incluem Google Analytics, Google Search Console, Ahrefs, SEMrush, Screaming Frog, Data Studio, Moz Pro e Botify. Cada ferramenta tem suas próprias características e benefícios, e a escolha da ferramenta certa depende de suas necessidades específicas de SEO.

4.2 Identificação de Tendências e Padrões

A identificação de tendências e padrões é uma parte importante da análise de dados de SEO. Isso pode envolver a análise de séries temporais para identificar tendências ao longo do tempo, a segmentação de dados para identificar padrões em diferentes grupos de usuários ou páginas, a comparação de períodos para identificar mudanças sazonais ou temporais, e o uso de ferramentas de visualização de dados para facilitar a interpretação dos dados.

4.3 Análise de Segmentos e Comportamento do Usuário

A análise de segmentos e comportamento do usuário envolve a análise de como diferentes grupos de usuários interagem com seu site. Isso pode envolver a análise de métricas como taxa de rejeição, tempo na página e páginas por sessão para diferentes segmentos de usuários, bem como a análise de caminhos de navegação e mapas de calor para entender o comportamento do usuário em seu site.

4.4 Testes A/B e Multivariados

Os testes A/B e multivariados são técnicas poderosas para otimizar seu site com base em dados reais. Em um teste A/B, você compara duas versões de uma página para ver qual delas tem melhor desempenho. Em um teste multivariado, você compara várias combinações de elementos de uma página para identificar a combinação que tem o melhor desempenho.

Exemplos de Casos Reais

Um exemplo de caso real de análise e interpretação de dados em SEO é o estudo de caso da Moz sobre a otimização de seu blog. A Moz usou o Google Analytics para analisar o desempenho de seu blog e identificou que a maioria de seu tráfego vinha de um pequeno número de postagens de blog. Com base nessa análise, a Moz decidiu focar em atualizar e otimizar essas postagens de alto desempenho, o que resultou em um aumento significativo no tráfego de seu blog.

Fonte: Moz Blog - https://moz.com/blog/content-strategy-case-study.

Outro exemplo é o estudo de caso da Unbounce sobre a utilização de testes A/B para otimizar suas páginas de destino. A Unbounce usou testes A/B para testar diferentes versões de suas páginas de destino e descobriu que uma versão com um título mais específico e uma chamada à ação mais clara teve um desempenho significativamente melhor do que a versão original.

Fonte: https://unbounce.com/landing-page-examples/built-using-unbounce

4.5 Análise de Concorrência

A análise de concorrência é uma parte importante da análise de dados de SEO. Isso envolve a análise do desempenho de SEO de seus concorrentes para identificar oportunidades e ameaças. Você pode usar ferramentas como SEMrush e Ahrefs para analisar os backlinks de seus concorrentes, as palavras-chave para as quais eles estão classificando, e as páginas que estão gerando a maior parte de seu tráfego.

4.6 Análise de Palavras-chave

A análise de palavras-chave é uma parte fundamental da análise de dados de SEO. Isso envolve a análise das palavras-chave para as quais seu site está classificando, as palavras-chave que estão gerando a maior parte de seu tráfego, e as palavras-chave que têm o maior potencial para gerar tráfego no futuro. Você pode usar ferramentas como Google Keyword Planner, Ahrefs e SEMrush para realizar uma análise de palavras-chave.

4.7 Análise de Backlinks

A análise de backlinks é uma parte importante da análise de dados de SEO. Isso envolve a análise dos backlinks para seu site para entender a qualidade e a relevância desses backlinks. Você pode usar ferramentas como Ahrefs e SEMrush para realizar uma análise de backlinks.

Conclusão

A análise e interpretação de dados é uma parte crucial do SEO avançado. Ao entender e interpretar corretamente os dados, você pode tomar decisões informadas que irão otimizar seus esforços de SEO e melhorar o desempenho de seu site. No próximo capítulo, vamos explorar as técnicas avançadas de otimização on-page.

CAPÍTULO 5

Estratégias de Conteúdo Avançadas

N o mundo do SEO, o conteúdo é rei. A qualidade, relevância e utilidade do conteúdo que você fornece aos usuários são fatores determinantes para o sucesso de suas estratégias de SEO. No entanto, à medida que a concorrência no espaço digital se intensifica, é necessário ir além do básico e implementar estratégias de conteúdo avançadas para se destacar. Neste capítulo, exploraremos essas estratégias, incluindo planejamento de conteúdo baseado em dados, criação de conteúdo interativo e imersivo, e estratégias de promoção e distribuição de conteúdo.

5.1 Planejamento de Conteúdo baseado em Dados

O planejamento de conteúdo baseado em dados envolve o uso de insights de dados para informar suas decisões de conteúdo. Isso pode incluir a análise de dados de pesquisa de palavras-chave, dados de engajamento do usuário, dados de tendências de mercado e muito mais. Por exemplo, você pode usar ferramentas como o Google Trends para identificar tópicos populares em seu nicho e criar conteúdo em torno desses tópicos.

Além disso, é importante considerar o estágio do funil de vendas em que seu público-alvo está. No estágio de conscientização (Topo do Funil - ToFu), os usuários estão apenas começando a reconhecer um problema ou necessidade. No estágio de consideração (Meio do Funil - MoFu), eles estão avaliando diferentes soluções para esse problema. E no estágio de decisão (Fundo do Funil - BoFu), eles estão prontos para fazer uma compra. Seu conteúdo deve ser adaptado para atender às necessidades dos usuários em cada um desses estágios.

5.2 Conteúdo interativo e imersivo

O conteúdo interativo e imersivo pode aumentar o engajamento do usuário e melhorar a experiência do usuário em seu site. Isso pode incluir quizzes e testes, infográficos interativos, calculadoras e simuladores, vídeos interativos e 360°, e até mesmo experiências de realidade aumentada (RA) e realidade virtual (RV).

Por exemplo, a empresa de software de design Canva usa quizzes interativos em seu blog para envolver os usuários e fornecer valor adicional. Da mesma forma, a empresa de viagens Expedia criou uma experiência de realidade virtual que permite aos usuários explorar diferentes destinos de viagem.

5.3 Conteúdo Evergreen e Atualizações

O conteúdo evergreen é conteúdo que permanece relevante e útil ao longo do tempo, independentemente de mudanças na indústria ou nas tendências do mercado. Isso pode incluir guias how-to, posts de blog informativos, tutoriais em vídeo e muito mais.

Manter o conteúdo evergreen atualizado é crucial para manter sua relevância e utilidade. Isso pode envolver a atualização de informações desatualizadas, a adição de novos insights ou dados, e a melhoria da otimização de SEO.

5.4 Conteúdo Sazonal

O conteúdo sazonal é conteúdo que é relevante em determinados momentos do ano, como feriados, estações do ano, ou eventos específicos da

indústria. Este tipo de conteúdo pode ser uma excelente maneira de atrair tráfego adicional durante esses períodos. Por exemplo, um varejista de moda pode criar conteúdo em torno das últimas tendências de moda para a temporada de primavera ou um blog de culinária pode compartilhar receitas especiais para o Natal.

5.5 Promoção e Distribuição de Conteúdo

Criar conteúdo de alta qualidade é apenas metade da batalha. A outra metade é garantir que esse conteúdo seja visto pelo seu público-alvo. Isso envolve a promoção e distribuição de seu conteúdo através de vários canais, incluindo mídias sociais, email marketing, SEO, publicidade paga e muito mais.

Por exemplo, a empresa de software de marketing HubSpot faz um excelente trabalho ao promover seu conteúdo através de vários canais. Eles compartilham seus posts de blog nas mídias sociais, enviam newsletters por e-mail com seus últimos conteúdos e usam SEO para garantir que seu conteúdo seja facilmente encontrado pelos motores de busca.

5.6 Análise de Conteúdo

Finalmente, é crucial analisar o desempenho do seu conteúdo para entender o que está funcionando e o que não está. Isso pode envolver o uso de ferramentas de análise, como o Google Analytics, para rastrear métricas como tráfego do site, tempo na página, taxa de rejeição, conversões e muito mais.

Além disso, você pode usar ferramentas de SEO, como o SEMrush ou o Ahrefs, para rastrear o desempenho do seu conteúdo nos motores de busca. Isso pode incluir métricas como rankings de palavras-chave, backlinks, tráfego orgânico e muito mais.

Em resumo, as estratégias de conteúdo avançadas envolvem a combinação de insights de dados, inovação em formatos de conteúdo, atualização constante, promoção eficaz e análise rigorosa para criar e distribuir conteúdo que ressoe com seu público-alvo e alcance seus objetivos de negócios. Ao implementar essas estratégias, você pode se destacar na concorrência e maximizar o impacto do seu conteúdo.

CAPÍTULO 6

Integração com Outras Disciplinas de Marketing Digital

O SEO não é uma ilha. Ele é uma parte integrante de um ecossistema maior de marketing digital, que inclui disciplinas como marketing de conteúdo, publicidade paga (PPC), marketing de mídia social, marketing por e-mail e marketing local. Cada uma dessas disciplinas tem um papel a desempenhar na construção de uma presença online forte e eficaz, e todas elas podem se beneficiar da integração com o SEO.

Neste capítulo, vamos explorar como o SEO pode ser integrado com outras disciplinas de marketing digital para criar uma estratégia de marketing online mais holística e eficaz. Vamos discutir como o SEO pode apoiar e ser apoiado por cada uma dessas disciplinas, e fornecer exemplos práticos de como essa integração pode ser realizada.

6.1 SEO e Marketing de Conteúdo

O marketing de conteúdo e o SEO são dois lados da mesma moeda. O conteúdo é o coração do SEO - é o que os motores de busca indexam, e é o que atrai e envolve os usuários. Ao mesmo tempo, o SEO pode ajudar a garantir que o conteúdo seja encontrado e visto pelo público certo.

A pesquisa de palavras-chave é uma área onde o SEO e o marketing de conteúdo se sobrepõem fortemente. As palavras-chave identificadas durante a pesquisa de SEO podem informar o planejamento de conteúdo, ajudando a garantir que o conteúdo seja relevante e valioso para o público-alvo. Da mesma forma, o conteúdo de alta qualidade pode ajudar a melhorar a classificação do SEO, atraindo backlinks e mantendo os usuários no site por mais tempo.

6.2 SEO e Publicidade Paga (PPC)

Embora o SEO e o PPC sejam frequentemente vistos como estratégias distintas, eles podem ser altamente complementares quando usados juntos. Por exemplo, a pesquisa de palavras-chave realizada para campanhas de PPC pode ser usada para informar a estratégia de SEO, e vice-versa. Além disso, as páginas de destino de alto desempenho usadas em campanhas de PPC podem ser otimizadas para SEO para atrair tráfego orgânico adicional.

6.3 SEO e Marketing de Mídia Social

As mídias sociais podem desempenhar um papel importante na promoção de conteúdo otimizado para SEO. Ao compartilhar conteúdo otimizado em canais de mídia social, você pode aumentar a visibilidade do seu conteúdo e atrair mais tráfego para o seu site. Além disso, os sinais sociais, como compartilhamentos e curtidas, podem potencialmente influenciar as classificações de SEO, embora o grau exato dessa influência seja tema de debate.

6.4 SEO e Marketing por E-mail

O marketing por e-mail pode ser uma ferramenta eficaz para promover conteúdo otimizado para SEO. Ao incluir links para o seu conteúdo em newsletters por e-mail, você pode direcionar o tráfego para o seu site e aumentar a exposição do seu conteúdo. Além disso, você pode usar técnicas de SEO para otimizar seus e-mails para a pesquisa na web.

6.5 SEO e Marketing Local

O SEO local é uma disciplina em si, focada em otimizar a presença online de uma empresa para atrair negócios de pesquisas locais. Isso envolve a otimização de listagens de empresas locais, a obtenção de avaliações positivas e a criação de conteúdo localmente relevante. A integração do SEO local com outras disciplinas de marketing digital, como o marketing de mídia social e o PPC, pode ajudar a aumentar a visibilidade e atrair mais clientes locais.

6.6 Casos de Estudo

Para ilustrar a eficácia da integração do SEO com outras disciplinas de marketing digital, vamos considerar alguns exemplos de casos de estudo.

6.6.1 Caso de Estudo: Zappos

Zappos, uma popular loja online de calçados e roupas, é um exemplo de uma empresa que integrou com sucesso o SEO com outras disciplinas de marketing digital. Eles usaram a pesquisa de palavras-chave para informar sua estratégia de conteúdo, criando guias de estilo e blogs de moda que atraíram backlinks e tráfego orgânico. Além disso, eles usaram o PPC para complementar suas estratégias de SEO, direcionando tráfego para páginas de destino otimizadas para palavras-chave específicas. Fonte: "Zappos Case Study: How to Do SEO Right", Search Engine Journal

6.6.2 Caso de Estudo: Airbnb

Airbnb, a plataforma de compartilhamento de casas, é outro exemplo de uma empresa que integrou com sucesso o SEO com outras disciplinas de marketing digital. Eles usaram o SEO local para otimizar suas listagens de propriedades para pesquisas locais, e complementam isso com uma forte presença nas mídias sociais e campanhas de e-mail marketing para promover suas postagens.

Fonte: "Airbnb's Survival Story Showing the Use of Integrated Marketing Communications", Journal of Marketing Communications

6.6.3 Caso de Estudo: Etsy

Etsy, a popular plataforma de e-commerce para produtos artesanais e vintage, implementou uma estratégia de SEO robusta que se integra perfeitamente com suas outras iniciativas de marketing digital. Eles otimizaram suas listagens de produtos com palavras-chave relevantes e incentivaram os vendedores a fazer o mesmo. Além disso, eles usaram o marketing de conteúdo para criar blogs e guias úteis que atraíram backlinks e tráfego orgânico.

Fonte: "Etsy's Ultimate Guide to SEO", Etsy Seller Handbook

6.6.4 Caso de Estudo: HubSpot

HubSpot, uma plataforma de software de marketing, vendas e atendimento ao cliente, é conhecida por sua estratégia de marketing de conteúdo orientada para SEO. Eles criam uma grande quantidade de conteúdo de alta qualidade que é otimizado para palavras-chave relevantes. Além disso, eles promovem esse conteúdo através de suas redes sociais e newsletters por e-mail, aumentando ainda mais sua visibilidade e tráfego.

Fonte: "How HubSpot Grew Organic Traffic by Over 50% in 12 Months", Ahrefs

6.6.5 Caso de Estudo: Canva

Canva, uma plataforma de design gráfico online, usou o SEO para aumentar a visibilidade de suas ferramentas e recursos. Eles otimizaram suas páginas de destino para palavras-chave relevantes e criaram conteúdo de alta qualidade que atraía backlinks. Além disso, eles usaram o marketing de mídia social para promover seu conteúdo e aumentar o engajamento do usuário.

Fonte: "How Canva Used SEO to Become a $6 Billion Company", Growth Manifesto

6.6.6 Caso de Estudo: Moz

Moz, uma empresa de software de SEO, é conhecida por sua estratégia de marketing de conteúdo orientada para SEO. Eles criam uma grande quantidade de conteúdo educacional de alta qualidade que é otimizado para palavras-chave relevantes. Além disso, eles promovem esse conteúdo através de suas redes sociais e newsletters por e-mail, aumentando ainda mais sua visibilidade e tráfego.

Fonte: "How Moz Built the No. 1 Ranked SEO Blog", Moz

6.6.7 Caso de Estudo: Shopify

Shopify, uma plataforma de e-commerce, implementou uma estratégia de SEO robusta que se integra perfeitamente com suas outras iniciativas de marketing digital. Eles otimizaram suas páginas de produto e categoria com palavras-chave relevantes e criaram uma grande quantidade de conteúdo educacional que atraía backlinks e tráfego orgânico. Além disso, eles usaram o marketing de mídia social e o e-mail marketing para promover seu conteúdo e aumentar o engajamento do usuário.

Fonte: "How Shopify Uses Content Marketing to Grow Its Business", Content Marketing Institute

6.6.8 Caso de Estudo: Buffer

Buffer, uma plataforma de gerenciamento de mídia social, usou o SEO em conjunto com o marketing de conteúdo para aumentar a visibilidade de seu blog e recursos. Eles criaram uma grande quantidade de conteúdo de alta qualidade que era otimizado para palavras-chave relevantes. Além disso, eles promoveram esse conteúdo através de suas redes sociais e newsletters por e-mail, aumentando ainda mais sua visibilidade e tráfego.

Fonte: "How Buffer Grew Their Blog to 1.5 Million Visits Per Month", Ahrefs

Esses casos de estudo ilustram a eficácia da integração do SEO com outras disciplinas de marketing digital. Ao implementar estratégias de SEO robustas e integrá-las com outras iniciativas de marketing digital, essas empresas foram capazes de aumentar a visibilidade, atrair mais tráfego e, em última análise, impulsionar o crescimento dos negócios.

CAPÍTULO 7

Gestão de Projetos e Metodologias Ágeis para SEO

A gestão eficaz de projetos de SEO é fundamental para o sucesso de qualquer estratégia de otimização de mecanismos de busca. A natureza dinâmica e complexa do SEO exige uma abordagem ágil e adaptável, capaz de responder rapidamente às mudanças no ambiente digital. Neste capítulo, exploraremos como as metodologias ágeis podem ser aplicadas à gestão de projetos de SEO, proporcionando maior eficiência, flexibilidade e resultados superiores.

7.1 Implementação de Metodologias Ágeis

As metodologias ágeis são uma abordagem de gestão de projetos que enfatiza a colaboração, a flexibilidade e a entrega contínua de valor. No contexto do SEO, as metodologias ágeis podem ajudar a equipe a responder rapidamente às mudanças nos algoritmos dos mecanismos de busca, nas tendências do mercado e no comportamento do usuário.

• Scrum

Scrum é uma metodologia ágil que se concentra em entregar valor de forma incremental através de sprints, que são períodos de trabalho intensivo geralmente durando de duas a quatro semanas. Cada sprint começa com uma reunião de planejamento, onde a equipe decide quais tarefas serão realizadas. No final do sprint, a equipe revisa o trabalho realizado e planeja o próximo sprint.

No contexto do SEO, um sprint pode envolver a implementação de melhorias técnicas no site, a criação de novo conteúdo otimizado para SEO, a realização de uma análise de backlinks ou qualquer outra tarefa que contribua para a estratégia de SEO.

Abaixo listamos alguns cases de utilização do Scrum:

• Case de Estudo: Spotify

Spotify, o popular serviço de streaming de música, é conhecido por sua implementação única do Scrum. Eles adaptaram a metodologia para se adequar ao seu ambiente de trabalho dinâmico e rápido, criando o que eles chamam de "Scrum ágil em escala". Eles organizam suas equipes em "esquadrões" autônomos, cada um com uma área de foco específica, e usam o Scrum para gerenciar o trabalho dentro desses esquadrões.

• Case de Estudo: Atlassian

Atlassian, uma empresa de software conhecida por seus

produtos como Jira e Trello, usa o Scrum para gerenciar seus projetos de desenvolvimento de software. Eles também usam o Scrum em suas estratégias de marketing e SEO, como mencionado anteriormente. A Atlassian é um exemplo de como o Scrum pode ser usado além do desenvolvimento de software para melhorar a eficiência e a produtividade em outras áreas de negócios.

• Case de Estudo: ING

ING, um banco multinacional, implementou o Scrum em sua transformação digital. Eles organizaram suas equipes em "esquadrões" e "tribos", semelhante ao Spotify, e usaram o Scrum para gerenciar o trabalho dentro dessas equipes. Como resultado, eles foram capazes de acelerar a entrega de novos recursos digitais e melhorar a satisfação do cliente. (Fonte: "ING's agile transformation", McKinsey)

• Case de Estudo: Vodafone

Vodafone, uma das maiores empresas de telecomunicações do mundo, usou o Scrum para melhorar a eficiência de suas equipes de desenvolvimento de software. Eles implementaram o Scrum em uma escala grande, com várias equipes trabalhando em sprints simultâneos. Como resultado, eles foram capazes de entregar novos recursos e melhorias mais rapidamente e com maior qualidade. (Fonte: "How Vodafone's Agile Software Development Is Helping It Cut Costs", Computer Weekly)

• Kanban

Kanban é outra metodologia ágil que pode ser útil na gestão de projetos de SEO. Kanban utiliza um quadro visual (físico ou digital) para representar o fluxo de trabalho. Cada tarefa é representada por um cartão que se move pelo quadro à medida que progride através das diferentes etapas do processo.

O Kanban é particularmente útil para equipes de SEO, pois permite visualizar o progresso das tarefas, identificar gargalos e priorizar o trabalho de forma eficaz. Além disso, o Kanban promove a melhoria contínua, incentivando a equipe a refletir regularmente sobre o processo de trabalho e a buscar maneiras de otimizá-lo.

• Case de Estudo: Siemens Healthineers
Siemens Healthineers, uma divisão da Siemens AG que se concentra em equipamentos médicos, implementou o Kanban para melhorar a eficiência de suas equipes de desenvolvimento de software. Eles usaram o Kanban para visualizar o fluxo de trabalho, identificar gargalos e melhorar a previsibilidade do tempo de entrega. Como resultado, eles foram capazes de reduzir o tempo de ciclo e aumentar a produtividade. (Fonte: "Siemens Healthineers: Agile Transformation with Kanban", Siemens Healthineers)

• Case de Estudo: BBC
A BBC, a emissora pública do Reino Unido, usou o Kanban para gerenciar o desenvolvimento de seu site. Eles usaram um quadro Kanban para visualizar o fluxo de trabalho e melhorar a comunicação entre as equipes. Isso permitiu que eles entregassem novos recursos e atualizações de forma mais eficiente e eficaz. (Fonte: "BBC Worldwide: Using Kanban to Help Turnaround a Failing

Project", InfoQ)

• Case de Estudo: Pixar

Pixar, o famoso estúdio de animação, usou o Kanban para gerenciar o fluxo de trabalho de suas equipes de produção. Eles usaram um quadro Kanban físico para visualizar o progresso das tarefas e melhorar a coordenação entre as equipes. Isso ajudou a Pixar a manter um fluxo de trabalho suave e eficiente, mesmo em projetos complexos e de longo prazo. (Fonte: "How Pixar Uses Agile and Scrum for Render Farm Project Management", Scrum Alliance)

• Case de Estudo: Zara

Zara, a popular marca de moda, usou o Kanban para gerenciar seu processo de produção. Eles usaram cartões Kanban para rastrear o movimento de materiais através de sua cadeia de suprimentos, permitindo-lhes responder rapidamente às mudanças na demanda do mercado. Isso ajudou a Zara a manter um alto nível de eficiência e flexibilidade em sua produção. (Fonte: "Zara's Fast Fashion Edge", Forbes)

• Adaptação e Melhoria Contínua

Independentemente da metodologia ágil escolhida, a chave para a gestão eficaz de projetos de SEO é a capacidade de se adaptar e melhorar continuamente. Isso significa estar disposto a experimentar novas abordagens, aprender com os erros e aproveitar as oportunidades à medida que surgem.

7.2 Priorização de Tarefas e Projetos

A priorização eficaz de tarefas e projetos é crucial para a gestão de projetos de SEO. Com recursos limitados e uma lista aparentemente interminável de possíveis melhorias de SEO a serem implementadas, é essencial ser capaz de identificar as tarefas que terão o maior impacto.

Existem várias técnicas que podem ajudar na priorização de tarefas de SEO, incluindo a Matriz de Eisenhower, o Método

RICE (Reach, Impact, Confidence, Effort) e o Método MoSCoW (Must have, Should have, Could have, Won't have).

• *Matriz de Eisenhower*

A Matriz de Eisenhower é uma ferramenta de gerenciamento de tempo e priorização que ajuda a decidir sobre a importância e a urgência das tarefas. Ela é chamada assim por causa do presidente dos EUA, Dwight D. Eisenhower, que é citado como dizendo: "O que é importante raramente é urgente e o que é urgente raramente é importante."

A matriz é dividida em quatro quadrantes, cada um representando uma combinação diferente de importância e urgência:

• Quadrante 1

Importante e Urgente** - Estas são as tarefas que você precisa fazer imediatamente. Elas são críticas para o seu trabalho ou vida e precisam ser tratadas agora. Exemplos podem incluir crises, problemas urgentes ou projetos com prazos iminentes.

• Quadrante 2

Importante, mas Não Urgente** - Estas são as tarefas que ajudam você a alcançar seus objetivos pessoais e profissionais de longo prazo, mas não têm um prazo imediato. Exemplos podem incluir planejamento estratégico, desenvolvimento de habilidades ou construção de relacionamentos.

• Quadrante 3

Não Importante, mas Urgente** - Estas são as tarefas que exigem sua atenção imediata, mas não contribuem significativamente para seus objetivos de longo prazo. Exemplos podem incluir algumas reuniões, interrupções ou atividades de rotina.

• Quadrante 4

Não Importante e Não Urgente** - Estas são as tarefas que não contribuem para seus objetivos e não têm um prazo imediato. Exemplos podem incluir distrações, atividades de lazer ou tarefas que podem ser delegadas ou eliminadas.

Para usar a Matriz de Eisenhower, liste todas as suas tarefas e decida se elas são importantes e/ou urgentes. Em seguida, coloque cada tarefa no quadrante apropriado. Isso lhe dará uma visão clara de onde você deve concentrar sua energia.

Idealmente, você deve tentar passar a maior parte do seu

tempo no Quadrante 2, trabalhando em tarefas que são importantes para seus objetivos de longo prazo, mas não são necessariamente urgentes. Isso ajudará a prevenir crises e a garantir que você esteja progredindo em direção a seus objetivos.

Tarefas no Quadrante 1 são inevitáveis, mas se você encontrar-se constantemente apagando incêndios neste quadrante, pode ser um sinal de que você precisa dedicar mais tempo ao planejamento e à prevenção no Quadrante 2.

Tarefas nos Quadrantes 3 e 4 devem ser minimizadas ou eliminadas, se possível. Se você achar que está gastando muito tempo nestes quadrantes, pode ser necessário aprender a dizer não, delegar mais eficazmente ou repensar suas prioridades.

• Método RICE

O método RICE é uma técnica de priorização de projetos que leva em consideração quatro fatores: Reach (Alcance), Impact (Impacto), Confidence (Confiança) e Effort (Esforço). A sigla RICE vem das iniciais desses quatro fatores. Aqui está uma explicação detalhada de cada um:

• Reach (Alcance)

Este é o número estimado de pessoas que serão afetadas pela tarefa ou projeto durante um determinado período. Por exemplo, se você está considerando uma mudança em seu site que afetará todos os usuários, o alcance seria o número total de usuários que visitam seu site durante o período em que você está considerando (por exemplo, um mês).

• Impact (Impacto)

Este é o benefício que você espera obter de uma tarefa ou projeto. O impacto é geralmente classificado em uma escala de 0,25 (mínimo) a 3 (máximo). Por exemplo, se uma tarefa tem o potencial de aumentar significativamente a receita, ela teria um alto impacto.

• Confidence (Confiança)

Este é o seu grau de certeza sobre as estimativas de alcance e impacto. A confiança é geralmente expressa como uma porcentagem, com 100% sendo absolutamente certo e 50% sendo bastante incerto.

• Effort (Esforço)

Este é o total de trabalho que será necessário para completar a tarefa ou projeto, geralmente expresso em "dias-homem". Por exemplo, se uma tarefa levaria uma pessoa trabalhando em tempo integral uma semana para completar, o esforço seria de 5 dias-homem.

Para usar o método RICE, você precisa calcular um "score" RICE para cada tarefa ou projeto, usando a seguinte fórmula:

Score RICE = (Reach * Impact * Confidence) / Effort

As tarefas ou projetos com o maior score RICE devem ser

priorizados.

Por exemplo, se você tem uma tarefa com um alcance de 1000 usuários, um impacto de 3, uma confiança de 80% e um esforço de 10 dias-homem, o score RICE seria:

Score RICE = (1000 * 3 * 0.8) / 10 = 240

O método RICE é uma ferramenta útil para ajudar a tomar decisões de priorização mais objetivas e baseadas em dados. No entanto, como todas as ferramentas de priorização, ela deve ser usada como parte de um processo de tomada de decisão mais amplo que também leva em consideração outros fatores, como a estratégia de negócios, os recursos disponíveis e o contexto do mercado.

• *Método MoSCoW*

O Método MoSCoW é uma técnica de priorização usada em gerenciamento de projetos e desenvolvimento de software. A sigla MoSCoW representa quatro categorias de prioridades: Must have (Deve ter), Should have (Deveria ter), Could have (Poderia ter), e Won't have (Não terá). Aqui está uma explicação detalhada de cada categoria:

• Must have (Deve ter)

Estes são os requisitos que o projeto deve atender para

ser considerado um sucesso. Eles são não-negociáveis e críticos para a funcionalidade do produto ou projeto. Se esses requisitos não forem atendidos, o projeto será considerado um fracasso.

• Should have (Deveria ter)

Estes são os requisitos importantes, mas não críticos. Eles não são tão essenciais como os requisitos "Must have", mas ainda assim têm um alto valor de negócio. Se esses requisitos não forem atendidos, o projeto ainda pode ser considerado um sucesso, mas seu valor será diminuído.

• Could have (Poderia ter)

Estes são os requisitos desejáveis, mas não necessários. Eles têm um valor de negócio menor e são menos importantes para a funcionalidade do produto ou projeto. Se esses requisitos não forem atendidos, o projeto ainda será considerado um sucesso.

• Won't have (Não terá)

Estes são os requisitos que foram considerados e deliberadamente excluídos do escopo atual do projeto. Eles podem ser considerados para inclusão em futuras fases ou versões do projeto.

Para usar o Método MoSCoW, você deve primeiro listar todos os requisitos do seu projeto. Em seguida, você deve categorizar cada requisito de acordo com as categorias MoSCoW. Isso ajudará a garantir que todos os requisitos "Must have" sejam atendidos antes de passar para os requisitos "Should have" e "Could have".

O Método MoSCoW é uma ferramenta útil para ajudar a gerenciar as expectativas dos stakeholders e garantir que os recursos mais importantes sejam entregues primeiro. No entanto, como todas as ferramentas de priorização, ela deve ser usada como parte de um processo de tomada de decisão mais amplo que também leva em consideração outros fatores, como a estratégia de negócios, os recursos disponíveis e o contexto do mercado.

7.3 Casos de Uso

Vamos considerar um exemplo real para ilustrar a aplicação de metodologias ágeis na gestão de projetos de SEO. A empresa de software Atlassian, conhecida por seus produtos como Jira e Trello, implementou uma estratégia de SEO ágil para melhorar sua visibilidade online. Eles usaram o Scrum para planejar e executar tarefas de SEO em sprints de duas semanas, com cada sprint focado em uma área específica de melhoria, como otimização de conteúdo ou melhoria da velocidade do site. Como resultado, a Atlassian viu um aumento significativo no tráfego orgânico para seu site.

Conclusão

A gestão de projetos de SEO é um processo complexo que exige uma abordagem flexível e adaptável. As metodologias ágeis, como Scrum e Kanban, podem fornecer a estrutura necessária para gerenciar eficazmente as tarefas de SEO e responder rapidamente às mudanças no ambiente digital. Ao priorizar eficazmente as tarefas e projetos, as equipes de SEO podem maximizar o impacto de seus esforços e alcançar resultados superiores.

Conclusão da Parte 3

Chegamos ao fim da Parte 3, onde exploramos o SEO em um nível avançado. Nesta seção, mergulhamos profundamente em tópicos como liderança e gerenciamento de equipes de SEO, análise de concorrência e benchmarking, SEO técnico avançado, análise e interpretação de dados, estratégias de conteúdo avançadas e integração com outras disciplinas de marketing digital.

Aprendemos que o SEO não é apenas sobre otimização de palavras-chave e construção de backlinks. Em um nível avançado, o SEO envolve uma compreensão profunda do seu público-alvo, da concorrência e das tendências do mercado. Também requer habilidades técnicas avançadas, como a capacidade de analisar e interpretar dados complexos e a capacidade de integrar SEO com outras disciplinas de marketing digital.

Vimos também que o gerenciamento eficaz de equipes de SEO é crucial para o sucesso de qualquer estratégia de SEO. Isso envolve não apenas a liderança e a motivação da equipe, mas também a implementação de metodologias ágeis, como Scrum e Kanban, para melhorar a eficiência e a eficácia da equipe.

De acordo com um relatório da Borrell Associates, as

empresas gastarão \$80 bilhões em SEO até 2020, o que mostra a importância crescente do SEO no mundo do marketing digital. Além disso, um estudo da BrightEdge mostrou que o tráfego orgânico é responsável por 53% de todo o tráfego do site, destacando a importância do SEO para a visibilidade online.

Vimos casos de sucesso de grandes empresas como Airbnb, Zappos e Amazon, que implementaram estratégias de SEO eficazes e viram um aumento significativo no tráfego orgânico e nas vendas como resultado.

No entanto, é importante lembrar que o SEO é uma disciplina em constante evolução. O que funciona hoje pode não funcionar amanhã. Portanto, é crucial manter-se atualizado com as últimas tendências e mudanças no mundo do SEO.

Esperamos que esta seção tenha fornecido a você uma compreensão mais profunda do SEO e que você possa aplicar o que aprendeu para melhorar a visibilidade online do seu site, aumentar o tráfego e, finalmente, impulsionar as vendas e o crescimento do seu negócio.

Na próxima seção, vamos explorar ainda mais o mundo do SEO, mergulhando em tópicos ainda mais avançados. Então, fique ligado e continue aprendendo!

Fontes:
1. Borrell Associates
https://www.borrellassociates.com/industry-papers/papers/seo-spending-estimated-to-reach-80-billion-by-2020
2. BrightEdge
https://www.brightedge.com/blog/seo-driving-customer-revenue/

PARTE 4

Dominando o SEO - Além do Avançado

B em-vindo à Parte 4 de nosso livro, onde vamos além do avançado e exploramos os aspectos mais profundos e complexos do SEO. Nesta seção, vamos mergulhar em tópicos como SEO para comércio eletrônico, SEO para mobile, SEO para voz, SEO para IA e muito mais.

O SEO é uma disciplina em constante evolução, com novas tendências e tecnologias emergindo o tempo todo. Para se manter à frente da curva, é crucial estar atualizado com as últimas inovações e entender como elas podem ser aplicadas para melhorar a visibilidade online do seu site.

CAPÍTULO 1

SEO para Comércio Eletrônico

O comércio eletrônico tem crescido exponencialmente nos últimos anos, impulsionado pela conveniência, variedade e custo-benefício que oferece aos consumidores. No entanto, com milhões de lojas online competindo pela atenção dos consumidores, a otimização para motores de busca (SEO) tornou-se uma necessidade absoluta para qualquer negócio de comércio eletrônico que deseja se destacar.

Neste capítulo, vamos explorar as nuances do SEO específico para o comércio eletrônico, abordando desde a pesquisa de palavras-chave até a otimização da página do produto, passando pela arquitetura do site e muito mais. Vamos mergulhar em estratégias avançadas e táticas comprovadas que ajudarão a aumentar a visibilidade do seu site, atrair tráfego qualificado e, finalmente, impulsionar as vendas.

1.1 Pesquisa de Palavras-chave para Comércio Eletrônico

A pesquisa de palavras-chave é a base de qualquer estratégia de SEO bem-sucedida. No entanto, para o comércio eletrônico, ela assume uma dimensão adicional. Além de identificar as palavras-chave que os usuários estão usando para encontrar produtos semelhantes aos seus, você também precisa entender a intenção por trás dessas pesquisas.

Por exemplo, um usuário que pesquisa "melhores tênis de corrida" provavelmente está no início de sua jornada de compra, enquanto alguém que pesquisa "comprar tênis de corrida Nike Air Zoom Pegasus 37" está claramente mais perto de fazer uma compra. Ambas as palavras-chave são valiosas, mas cada uma requer uma abordagem diferente em termos de otimização de conteúdo.

1.2 Arquitetura do Site e Navegação

A arquitetura do seu site de comércio eletrônico desempenha um papel crucial na experiência do usuário e na eficácia do seu SEO. Um site bem estruturado facilita a navegação dos usuários e dos motores de busca, melhorando a usabilidade e a indexação do site.

As categorias e subcategorias devem ser lógicas e intuitivas, refletindo a maneira como os usuários provavelmente procurarão seus produtos. Além disso, cada página do produto deve ser facilmente acessível a partir da página inicial em no máximo três cliques.

1.3 Otimização da Página do Produto

Cada página do produto em seu site é uma oportunidade para atrair tráfego de pesquisa e converter visitantes em clientes. Portanto, cada página do produto deve ser otimizada com palavras-chave relevantes na meta tag do título, na descrição, nos cabeçalhos e no conteúdo do corpo.

Além disso, cada página do produto deve incluir imagens de alta qualidade do produto, juntamente com descrições detalhadas e especificações do produto. Lembre-se de que os motores de busca não podem "ver" imagens, então cada imagem deve incluir um texto alternativo (alt text) descritivo para ajudar os motores de busca a entender o que a imagem representa.

1.4 SEO Técnico para Comércio Eletrônico

O SEO técnico é uma parte essencial da otimização do seu site de comércio eletrônico. Isso inclui garantir que seu site seja rápido, seguro (HTTPS), mobile-friendly e fácil de rastrear e indexar pelos motores de busca.

Além disso, você deve implementar um arquivo XML Sitemap para ajudar os motores de busca a entender a estrutura do seu site e encontrar todas as suas páginas. Da mesma forma, um arquivo robots.txt bem configurado pode ajudar a direcionar os rastreadores da web para as páginas mais importantes do seu site e evitar que eles acessem áreas que você não quer que sejam indexadas.

1.5 Link Building para Comércio Eletrônico

A construção de links é uma parte crucial do SEO, pois os links de outros sites para o seu (backlinks) são um dos principais fatores que os motores de busca consideram ao determinar a autoridade e a relevância do seu site.

Para o comércio eletrônico, a construção de links pode ser um desafio, pois muitos sites podem ser relutantes em linkar diretamente para uma página de produto. No entanto, existem várias estratégias eficazes que você pode usar, como a criação de conteúdo de alta qualidade que outros sites desejam linkar, a colaboração com influenciadores e blogueiros em sua indústria, e a obtenção de avaliações de produtos em sites de terceiros.

1.6 Análise e Monitoramento de SEO

Finalmente, é essencial monitorar e analisar o desempenho do seu SEO para entender o que está funcionando, o que não está e onde existem oportunidades para melhorias. Ferramentas como Google Analytics, Google Search Console e SEMRush podem fornecer insights valiosos sobre o tráfego do seu site, as palavras-chave que estão gerando tráfego, a taxa de conversão e muito mais.

Um exemplo de caso real é a loja online de moda

Zalando, que conseguiu aumentar seu tráfego orgânico em 50% em um ano, implementando uma estratégia de SEO abrangente que incluiu uma pesquisa de palavras-chave aprofundada, otimização de páginas de produtos, melhorias na velocidade do site e uma campanha de construção de links agressiva (Fonte: Econsultancy, 2018).

Em resumo, o SEO para comércio eletrônico é uma disciplina complexa e multifacetada que requer uma abordagem estratégica e atenção aos detalhes. No entanto, com a estratégia certa, é possível aumentar significativamente a visibilidade do seu site, atrair tráfego qualificado e impulsionar as vendas.

CAPÍTULO 2

SEO para Mobile

O mundo digital está em constante evolução e uma das mudanças mais significativas nos últimos anos tem sido o aumento do uso de dispositivos móveis para acessar a internet. De acordo com o relatório da Statista de 2022, mais de 50% do tráfego da web global vem de dispositivos móveis. Isso significa que otimizar seu site para mobile não é mais uma opção, mas uma necessidade.

Neste capítulo, vamos explorar o conceito de SEO para mobile, entender por que ele é crucial para o sucesso do seu negócio online e aprender as melhores práticas para otimizar seu site para dispositivos móveis.

2.1 Importância do SEO para Mobile

Com o aumento do uso de smartphones e tablets, os motores de busca, como o Google, começaram a dar mais importância à experiência do usuário em dispositivos móveis. Em 2015, o Google lançou o "Mobilegeddon", uma atualização do algoritmo que prioriza sites otimizados para mobile nos resultados de pesquisa. Isso significa que se o seu site não é otimizado para dispositivos móveis, ele pode ser penalizado nos rankings de pesquisa.

Além disso, um site otimizado para mobile proporciona uma melhor experiência ao usuário, o que pode levar a taxas de conversão mais altas. Segundo um estudo da McKinsey & Company, a experiência do usuário em mobile é um fator chave para a conversão, com sites otimizados para mobile convertendo até três vezes mais do que aqueles que não são.

2.2 Otimização de Sites para Mobile

Existem várias estratégias e técnicas que você pode usar para otimizar seu site para dispositivos móveis. Aqui estão algumas das mais importantes:

• Design Responsivo

O design responsivo é uma abordagem de web design que faz com que seu site se adapte ao tamanho da tela do dispositivo que está sendo usado para visualizá-lo. Isso significa que seu site terá uma boa aparência e funcionará bem, seja em um desktop, tablet ou smartphone.

• Velocidade de Carregamento

A velocidade de carregamento é ainda mais crucial para a

experiência do usuário em dispositivos móveis. Segundo o Google, 53% dos visitantes de mobile abandonam um site se ele demora mais de três segundos para carregar. Portanto, é essencial otimizar a velocidade de carregamento do seu site em dispositivos móveis.

• Otimização de Imagens

As imagens podem ter um grande impacto na velocidade de carregamento do seu site. Portanto, é importante otimizar suas imagens para mobile, garantindo que elas sejam do tamanho certo e estejam no formato correto.

• Navegação Simplificada

A navegação em um dispositivo móvel é diferente da navegação em um desktop. Portanto, é importante simplificar a navegação do seu site para usuários de mobile, tornando-a intuitiva e fácil de usar.

2.3 Mobile-First Indexing

Em 2018, o Google anunciou a transição para o mobile-first indexing. Isso significa que o Google agora usa a versão mobile do seu site para indexação e ranking. Portanto, é crucial garantir que a versão mobile do seu site esteja otimizada e contenha o mesmo conteúdo valioso que a versão desktop.

2.4 Casos de Sucesso

Vamos agora explorar alguns casos de sucesso de empresas que implementaram estratégias de SEO para mobile eficazes.

• Caso 1: Walmart

A gigante do varejo Walmart é um excelente exemplo de otimização de SEO para mobile. Em 2012, a empresa redesenhou seu site para ser responsivo, o que resultou em um aumento de 98% nas visitas de usuários de smartphones. A Walmart também otimizou a velocidade de carregamento do seu site, o que resultou em uma redução de 3,8 segundos no tempo de carregamento e um aumento de 2% na taxa de conversão.

• Caso 2: Etsy

Etsy, um popular marketplace online para produtos artesanais e vintage, também viu grandes benefícios ao otimizar seu site para mobile. A empresa implementou um design responsivo e melhorou a velocidade de carregamento do seu site, o que resultou em um aumento de 28% na taxa de conversão de usuários de mobile.

• Caso 3: Amazon

A Amazon é conhecida por sua experiência de usuário excepcional, e isso se estende à sua presença mobile. A empresa implementou um design responsivo e otimizou a velocidade de carregamento do site, resultando em uma experiência de usuário superior e aumento nas conversões.

• Caso 4: Domino's Pizza

A Domino's Pizza implementou uma estratégia de SEO para mobile que incluiu um aplicativo móvel fácil de usar e um site otimizado para mobile. Isso resultou em um aumento significativo nas vendas através de dispositivos móveis.

• Caso 5: Bank of America

O Bank of America otimizou seu site para mobile, tornando-o responsivo e fácil de navegar em dispositivos móveis. Isso resultou em um aumento no número de clientes que usam seus serviços bancários online.

• Caso 6: Zara

A marca de moda Zara implementou um design responsivo em seu site, tornando-o acessível e atraente para usuários de mobile. Isso resultou em um aumento no tráfego do site e nas vendas online.

• Caso 7: Starbucks

A Starbucks implementou um design responsivo e um aplicativo móvel que permite aos clientes fazer pedidos antecipadamente. Isso resultou em um aumento nas vendas e na satisfação do cliente.

• Caso 8: Airbnb

O Airbnb otimizou seu site para mobile e também oferece um aplicativo móvel intuitivo. Isso permitiu que a empresa alcançasse mais clientes e aumentasse as reservas.

• Caso 9: Nike

A Nike implementou um design responsivo em seu site e otimizou a velocidade de carregamento do site para melhorar a experiência do usuário. Isso resultou em um aumento no tráfego do site e nas vendas online.

• Caso 10: Uber

O Uber é um exemplo perfeito de uma empresa que prioriza o mobile. Seu aplicativo móvel intuitivo e fácil de usar é fundamental para o seu modelo de negócios e tem sido um grande fator em seu sucesso.

Todas essas empresas são conhecidas por terem uma forte presença mobile e são frequentemente citadas como exemplos de boas práticas de SEO para mobile.

Conclusão

A otimização de SEO para mobile é uma parte essencial de qualquer estratégia de marketing digital. Com o aumento do uso de dispositivos móveis, é mais importante do que nunca garantir que seu site ofereça uma experiência de usuário de alta qualidade em todos os dispositivos. Ao implementar as estratégias e técnicas discutidas neste capítulo, você estará bem posicionado para melhorar seu ranking nos motores de busca, aumentar o tráfego do seu site e impulsionar as conversões.

Fontes:
1. Statista. (2022). Percentage of mobile device website traffic worldwide. https://www.statista.com/statistics/277125/share-of-website-traffic-coming-from-mobile-devices
2. McKinsey & Company. (2020). The mobile imperative: Why businesses need to up their game—fast. https://www.mckinsey.com/business-functions/mckinsey-digital/our-insights/the-

mobile-imperative-why-businesses-need-to-up-their-game-fast
3. Google. (2017). Find Out How You Stack Up to New Industry Benchmarks for Mobile Page Speed.
https://www.thinkwithgoogle.com/marketing-resources/data-measurement/mobile-page-speed-new-industry-benchmarks/
4. Walmart Labs. (2012). Case Study: Walmart.com's Responsive Redesign.
https://web.archive.org/web/20130103092006/http://www.walmartlabs.com/case-study-walmart-coms-responsive-redesign
5. Etsy. (2013). Making Etsy Mobile Friendly.
https://codeascraft.com/2013/05/21/making-etsy-mobile-friendly/

CAPÍTULO 3

SEO para Voz

A evolução da tecnologia digital tem sido marcada por inovações que mudam a forma como interagimos com a internet. Uma dessas inovações é a pesquisa por voz, que está se tornando cada vez mais popular à medida que os assistentes de voz, como o Google Assistant, Siri da Apple e Alexa da Amazon, se tornam mais sofisticados e amplamente utilizados.

A pesquisa por voz é uma forma conveniente e eficiente de buscar informações online, especialmente quando estamos em movimento ou quando nossas mãos estão ocupadas. Para as empresas e profissionais de marketing digital, isso significa que é essencial otimizar seus sites e conteúdo para pesquisa por voz para garantir que eles sejam facilmente encontrados e acessíveis para os usuários de assistentes de voz.

Neste capítulo, vamos explorar em profundidade o SEO para voz, discutindo o que é, por que é importante, e como você pode otimizar seu site e conteúdo para pesquisa por voz. Vamos também compartilhar algumas dicas e melhores práticas, bem como exemplos de sucesso de empresas que têm feito um excelente trabalho em SEO para voz.

3.1 SEO para Voz: O que é e por que é importante

SEO para voz refere-se à prática de otimizar seu site e conteúdo para ser facilmente encontrado e acessível através de pesquisa por voz. Isso envolve a compreensão de como os usuários fazem consultas de voz, que tendem a ser mais conversacionais e orientadas para perguntas do que as consultas de texto, e otimizar seu conteúdo para corresponder a essas consultas.

A importância do SEO para voz está ligada ao aumento do uso de assistentes de voz. De acordo com um relatório da OC&C Strategy Consultants, espera-se que as vendas através de assistentes de voz atinjam $40 bilhões até 2022 nos EUA e $5 bilhões no Reino Unido. Além disso, um estudo da PwC descobriu que 71% dos respondentes preferem usar a pesquisa por voz para fazer uma pesquisa na internet em vez de digitar suas consultas.

3.2 Como otimizar para SEO de Voz

A otimização para SEO de voz envolve várias estratégias e técnicas, incluindo:

• **Focar em consultas de pesquisa conversacionais**

As consultas de voz tendem a ser mais longas e mais conversacionais do que as consultas de texto. Portanto, é importante otimizar seu conteúdo para frases-chave longas e naturais que os usuários podem usar ao fazer consultas de voz.

• Responder a perguntas

Muitas consultas de voz são feitas na forma de uma pergunta. Portanto, é útil criar conteúdo que responda diretamente a perguntas comuns que os usuários podem ter sobre seu produto, serviço ou indústria.

• Otimizar para pesquisa local

Muitas consultas de voz são para pesquisa local, como "onde está a pizzaria mais próxima". Portanto, é importante garantir que suas informações locais, como nome, endereço e número de telefone, estejam corretas e consistentes em todas as plataformas online.

• Melhorar a velocidade do site

A velocidade do site é um fator importante para SEO em geral, mas é especialmente importante para SEO de voz. Os assistentes de voz geralmente fornecem resultados rapidamente, por isso é importante que seu site seja rápido para carregar e fornecer informações.

• Usar dados estruturados

Os dados estruturados ajudam os motores de busca a entender melhor o conteúdo do seu site. Isso pode ajudar seu site a aparecer em resultados de pesquisa por voz, especialmente para consultas que buscam informações específicas, como receitas ou informações de eventos.

3.3 Exemplos de Sucesso em SEO para Voz

Um exemplo de sucesso em SEO para voz é a Domino's Pizza. A empresa tem sido pioneira no uso de tecnologia de voz, permitindo que os clientes peçam pizza através de assistentes de voz como Alexa e Google Assistant. Isso não só proporciona uma experiência conveniente para os clientes, mas também ajuda a Domino's a aparecer em consultas de voz relacionadas à pizza.

Outro exemplo é a Nestlé, que criou um aplicativo para o Google Assistant chamado "GoodNes". Este aplicativo usa a tecnologia de voz para ajudar os usuários a cozinhar, fornecendo receitas passo a passo e respondendo a perguntas. Isso ajuda a Nestlé a aparecer em consultas de voz relacionadas à culinária e receitas.

Conclusão

A pesquisa por voz é uma tendência crescente que não pode ser ignorada. Para permanecer competitivo e visível na era digital, é essencial otimizar seu site e conteúdo para pesquisa por voz. Ao entender como os usuários fazem consultas de voz e otimizar seu conteúdo para corresponder a essas consultas, você pode aumentar a visibilidade do seu site, atrair mais tráfego e, finalmente,

aumentar as conversões e vendas.

Referências:
1. OC&C Strategy Consultants. (2018). Voice Shopping Set to Jump to $40 Billion By 2022.
2. PwC. (2018). Prepare for the voice revolution.
3. Domino's Pizza. (n.d.). Order with Domino's Alexa Skill.
4. Nestlé. (n.d.). GoodNes - A Voice-Activated Cooking Assistant.

CAPÍTULO 4

SEO para Inteligência Artificial

A inteligência artificial (IA) tem sido uma força motriz na transformação digital, impactando várias indústrias e setores, incluindo o marketing digital e o SEO. À medida que os motores de busca se tornam mais inteligentes e capazes de entender melhor o conteúdo e a intenção do usuário, a otimização para mecanismos de busca (SEO) precisa evoluir para acompanhar essas mudanças. Este capítulo explora o papel da IA no SEO e como os profissionais de marketing podem adaptar suas estratégias para aproveitar ao máximo essa tecnologia emergente.

4.1 SEO e Inteligência Artificial: Uma Parceria em Evolução

A IA tem desempenhado um papel cada vez mais importante no SEO, ajudando os motores de busca a entender melhor o conteúdo e a intenção do usuário. Por exemplo, o Google usa uma IA chamada RankBrain para ajudar a processar suas consultas de pesquisa. RankBrain utiliza o aprendizado de máquina para entender a semântica das consultas de pesquisa e fornecer resultados mais relevantes.

Além disso, a IA também está sendo usada para melhorar a eficiência do SEO. Ferramentas de SEO baseadas em IA podem analisar grandes volumes de dados rapidamente, identificar tendências e padrões, e fornecer insights acionáveis. Isso permite que os profissionais de SEO tomem decisões mais informadas e eficientes.

4.2 Como a IA está Mudando o SEO

A IA está mudando a maneira como abordamos o SEO de várias maneiras. Aqui estão algumas das principais mudanças:

• Compreensão Contextual

A IA permite que os motores de busca entendam melhor o contexto e a intenção do usuário. Isso significa que o SEO precisa ir além das palavras-chave e focar na criação de conteúdo que atenda às necessidades e intenções do usuário.

• Personalização

A IA permite uma personalização mais profunda, fornecendo resultados de pesquisa que são mais relevantes para o indivíduo com base em seu histórico de pesquisa, localização e outros fatores. Isso significa que as estratégias de SEO precisam considerar a experiência do usuário individual.

• Análise de Dados

As ferramentas de SEO baseadas em IA podem analisar grandes volumes de dados rapidamente, fornecendo insights acionáveis. Isso permite que os profissionais de SEO tomem decisões mais informadas e eficientes.

4.3 Estratégias de SEO para IA

Com a IA desempenhando um papel cada vez mais importante no SEO, é essencial adaptar suas estratégias para aproveitar ao máximo essa tecnologia. Aqui estão algumas estratégias que você pode considerar:

• Foco na Qualidade do Conteúdo

Com a IA sendo capaz de entender melhor o conteúdo, é essencial focar na criação de conteúdo de alta qualidade que atenda às necessidades e intenções do usuário.

• Otimização para Pesquisa por Voz

Com o aumento da popularidade dos assistentes de voz baseados em IA, como o Google Assistant e a Alexa da Amazon, a otimização para pesquisa por voz se tornou mais importante do que nunca.

· Utilização de Ferramentas de SEO Baseadas em IA

Essas ferramentas podem ajudar a analisar grandes volumes de dados, identificar tendências e padrões, e fornecer insights acionáveis. Isso pode ajudar a melhorar a eficiência e a eficácia de suas estratégias de SEO.

· Adaptação à Personalização

Com a IA permitindo uma personalização mais profunda, é importante adaptar suas estratégias de SEO para considerar a experiência do usuário individual. Isso pode envolver a criação de conteúdo personalizado e a otimização para consultas de pesquisa localizadas.

4.4 Casos de Uso de IA em SEO

Existem vários casos de uso de IA em SEO que demonstram o potencial dessa tecnologia. Por exemplo, a empresa de marketing digital BrightEdge lançou uma plataforma de SEO baseada em IA chamada "BrightEdge Autopilot" que automatiza várias tarefas de SEO, como a otimização de imagens e a criação de meta tags. Isso não só melhora a eficiência, mas também ajuda a melhorar o desempenho do SEO.

Outro exemplo é a plataforma de SEO Moz, que utiliza a IA para fornecer insights acionáveis e recomendações de SEO. A plataforma analisa grandes volumes de dados e utiliza o aprendizado de máquina para identificar oportunidades de SEO e fornecer recomendações personalizadas.

Abaixo apresentamos 10 cases de uso de IA em SEO:

• BrightEdge

A empresa de marketing digital BrightEdge lançou uma plataforma de SEO baseada em IA chamada "BrightEdge Autopilot" que automatiza várias tarefas de SEO, como a otimização de imagens e a criação de meta tags.

• Moz

A plataforma de SEO Moz utiliza a IA para fornecer insights acionáveis e recomendações de SEO. A plataforma analisa grandes volumes de dados e utiliza o aprendizado de máquina para identificar oportunidades de SEO e fornecer recomendações personalizadas.

• Market Brew

Market Brew é uma plataforma de SEO que usa a IA para modelar o algoritmo de classificação do Google. Isso permite que os profissionais de SEO vejam como as mudanças em seu site afetarão suas classificações.

• CanIRank

CanIRank é uma ferramenta de SEO que usa a IA para fornecer recomendações de SEO específicas e acionáveis. A ferramenta analisa o site de um usuário e compara-o com sites que já estão classificando bem para identificar oportunidades de melhoria.

• WordLift

WordLift é uma ferramenta de SEO que usa a IA para ajudar a organizar o conteúdo de um site e melhorar a estrutura de SEO. A ferramenta usa a IA para identificar conceitos importantes no conteúdo e sugerir links internos, tags e metadados.

• PaveAI

PaveAI é uma ferramenta de análise de SEO que usa a IA para transformar dados do Google Analytics em insights acionáveis. A ferramenta usa a IA para identificar padrões e tendências nos dados que podem ser usados para melhorar o desempenho do SEO.

• Alli AI

Alli AI é uma ferramenta de SEO que usa a IA para automatizar várias tarefas de SEO, incluindo pesquisa de palavras-chave, otimização de conteúdo e construção de links.

• RankSense

RankSense é uma plataforma de SEO que usa a IA para ajudar a identificar e corrigir problemas de SEO em tempo real. A plataforma usa a IA para monitorar o desempenho do SEO e fazer ajustes conforme necessário.

• Twinword

Twinword é uma ferramenta de SEO que usa a IA para ajudar a otimizar o conteúdo para palavras-chave específicas. A ferramenta usa a IA para analisar o conteúdo e sugerir melhorias com base na relevância da palavra-chave.

• Albert

Albert é uma plataforma de marketing digital que usa a IA para otimizar campanhas de marketing em vários canais, incluindo SEO. A plataforma usa a IA para analisar o desempenho da campanha e fazer ajustes em tempo real para melhorar os resultados.

Esses são apenas alguns exemplos de como a IA está sendo usada no SEO. À medida que a tecnologia continua a evoluir, é provável que vejamos ainda mais inovações nessa área.

Conclusão

A IA está desempenhando um papel cada vez mais importante no SEO, ajudando os motores de busca a entender melhor o conteúdo e a intenção do usuário, e permitindo uma personalização mais profunda. Ao adaptar suas estratégias de SEO para aproveitar ao máximo essa tecnologia, você pode melhorar a eficiência e a eficácia de suas estratégias de SEO.

Lembre-se, o futuro do SEO está aqui, e a IA é uma grande parte dele. Abrace a mudança, adapte-se e veja seus esforços de SEO prosperarem.

Fontes:

1. "How AI Is Changing SEO" - Search Engine Journal
2. "BrightEdge Launches SEO Automation Platform" - BrightEdge
3. "Moz Pro: SEO Software for Smarter Marketing" - Moz

CONCLUSÃO FINAL:

O Futuro do SEO na Era da Inteligência Artificial

A o longo deste livro, exploramos o vasto universo do SEO, desde os conceitos básicos até as técnicas mais avançadas. Através de exemplos práticos, estudos de caso e dados de pesquisa, procuramos fornecer um guia abrangente e atualizado sobre as melhores práticas de SEO.

Agora, chegamos ao fim de nossa jornada, mas isso não significa que o aprendizado deve parar. O mundo do SEO está em constante evolução, e os profissionais de marketing digital devem estar sempre prontos para se adaptar e aprender.

A inteligência artificial (IA) está se tornando cada vez mais prevalente em nossas vidas, e o SEO não é exceção. Já vimos como a IA está sendo usada para melhorar a precisão dos algoritmos de busca, fornecer resultados de pesquisa personalizados e até mesmo criar conteúdo. No futuro, podemos esperar que a IA desempenhe um papel ainda maior no SEO.

Por exemplo, a IA pode ser usada para analisar grandes volumes de dados e identificar tendências e padrões que podem ser usados para informar estratégias de SEO. Isso pode incluir a análise de dados de comportamento do usuário, dados de pesquisa de mercado e até mesmo dados de redes sociais.

Além disso, a IA pode ser usada para automatizar tarefas de SEO que são demoradas ou complexas. Isso pode incluir a otimização de conteúdo, a construção de links e a análise de desempenho de SEO.

No entanto, apesar do potencial da IA, é importante lembrar que a tecnologia é apenas uma ferramenta. O sucesso no SEO ainda depende de uma compreensão sólida dos princípios básicos, uma estratégia bem planejada e a capacidade de se adaptar e aprender.

Em conclusão, o futuro do SEO é emocionante e cheio de possibilidades. Com a IA e outras tecnologias emergentes, temos a oportunidade de levar nossas estratégias de SEO a novos patamares. No entanto, o sucesso final ainda depende de nós - os profissionais de marketing digital que estão dispostos a aprender, adaptar-se e inovar.

Agradeço a todos que acompanharam esta jornada conosco. Espero que este livro tenha fornecido a você uma compreensão mais profunda do SEO e que você possa usar o conhecimento adquirido para alcançar o sucesso em suas iniciativas de marketing digital. Lembre-se, o aprendizado nunca para. Continue explorando, continue aprendendo e continue crescendo.

Referências:

1. "The Future of SEO: How AI and Machine Learning Will Impact Content", Martech Zone.

https://martech.zone/future-seo-ai-machine-learning-content/

2. "How AI Is Changing SEO", Forbes.

https://www.forbes.com/sites/forbesagencycouncil/2018/01/09/how-ai-is-changing-seo/

3. "Artificial Intelligence & SEO: 5 Strategies You Need to Follow", Search Engine Journal.

https://www.searchenginejournal.com/artificial-intelligence-seo/208395/

A Inteligência Artificial e o Futuro dos Mecanismos de Busca

A inteligência artificial (IA) já está transformando os mecanismos de busca de maneiras significativas. No entanto, a ideia de que a IA vai "acabar" com os mecanismos de busca como o Google, Bing e Yahoo é um equívoco. Em vez disso, a IA está sendo usada para melhorar e aprimorar esses mecanismos de busca, tornando-os mais eficientes, precisos e úteis para os usuários.

Um dos exemplos mais notáveis da influência da IA nos mecanismos de busca é o algoritmo RankBrain do Google. Lançado em 2015, o RankBrain usa aprendizado de máquina para entender melhor as consultas de pesquisa dos usuários e fornecer resultados mais relevantes. Isso é particularmente útil para consultas de pesquisa nunca antes vistas, que representam cerca de 15% de todas as pesquisas diárias no Google.

Outro exemplo é o uso de IA para personalizar os resultados da pesquisa. Os mecanismos de busca estão cada vez mais usando IA para entender o comportamento do usuário, suas preferências e intenções, e usar essas informações para fornecer resultados de pesquisa personalizados. Isso pode melhorar a experiência do usuário, fornecendo informações mais relevantes e úteis.

No entanto, a chegada da IA também traz desafios. Por exemplo, à medida que os mecanismos de busca se tornam mais dependentes da IA, torna-se mais difícil para os profissionais de SEO entenderem exatamente como os algoritmos funcionam e como otimizar os sites. Além disso, questões de privacidade e ética surgem à medida que os mecanismos de busca coletam e usam mais dados sobre os usuários.

Olhando para o futuro, podemos esperar que a IA continue a transformar os mecanismos de busca. A IA pode permitir avanços como a compreensão de linguagem natural ainda mais sofisticada, a capacidade de responder a consultas complexas e a personalização ainda mais precisa dos resultados da pesquisa. No entanto, também será importante abordar os desafios e questões que a IA traz, para garantir que os mecanismos de busca continuem a servir os usuários de maneira eficaz e ética.

Considerações Finais e Mensagem dos Autores

Depois de uma longa jornada através do universo do SEO, chegamos ao fim deste livro. Como autores, estamos gratos por ter tido a oportunidade de compartilhar nossos conhecimentos e experiências com você. Esperamos que este livro tenha sido útil e que você possa aplicar o que aprendeu em suas próprias estratégias de SEO.

Eric Daniel:

"Como alguém que tem uma paixão profunda por SEO e marketing digital, foi um prazer imenso compartilhar minha experiência e conhecimento com você. Acredito firmemente que o SEO é uma ferramenta poderosa que pode transformar negócios e ajudar a alcançar o sucesso online. Espero que este livro tenha lhe dado uma compreensão mais profunda do SEO e que você possa usar o que aprendeu para alcançar seus próprios objetivos. Lembre-se, o SEO é uma jornada, não um destino. Continue aprendendo, continue experimentando e continue crescendo."

Flávio Luizetto:

"Como um profissional de marketing digital com anos de experiência, sei o quanto o SEO pode ser complexo e desafiador. No entanto, também sei o quanto pode ser gratificante quando você começa a ver os resultados de seu trabalho duro. Espero que este livro tenha lhe dado as ferramentas e o conhecimento que você precisa para enfrentar esses desafios e alcançar o sucesso. Lembre-se, o mundo do SEO está sempre mudando, então nunca pare de aprender e se adaptar."

Em conclusão, gostaríamos de agradecer a todos que fizeram parte desta jornada conosco. Seja você um profissional de marketing digital experiente ou alguém que está apenas começando, esperamos que este livro tenha sido um recurso valioso para você. Desejamos a você todo o sucesso em suas futuras aventuras de SEO.

Eric Daniel & Flávio Luizetto

APÊNDICES

Apêndice A: Glossário de Termos de SEO

• Algoritmo

Um conjunto de regras ou procedimentos que os motores de busca usam para determinar a relevância e a classificação de páginas na web. Os algoritmos de busca são complexos e levam em consideração muitos fatores, como palavras-chave, backlinks e a qualidade do conteúdo.

• Anchor Text

O texto visível de um link. O texto âncora ajuda os motores de busca a entender o conteúdo da página para a qual o link está apontando.

• Backlink

Um link de um site para outro. Os backlinks são importantes para o SEO porque podem indicar a qualidade e a relevância de um site. Os motores de busca veem os backlinks como uma forma de "voto" na qualidade de um site.

• Black Hat SEO

Técnicas de SEO que violam as diretrizes dos motores de busca. Embora possam fornecer ganhos de curto prazo, essas técnicas podem levar a penalidades de longo prazo.

• Bounce Rate

A porcentagem de visitantes que deixam um site depois de visualizar apenas uma página. Uma taxa de rejeição alta pode indicar que o conteúdo ou a experiência do usuário no site não está atendendo às expectativas dos visitantes.

• Canonical Tag

Uma tag HTML que ajuda a prevenir problemas de conteúdo duplicado, informando aos motores de busca qual versão de uma página deve ser considerada a "oficial".

• Crawler

Também conhecido como spider ou bot, é um programa que os motores de busca usam para explorar a web e indexar páginas.

• Domain Authority

Uma métrica desenvolvida pela Moz que prevê o quão bem um site irá classificar nos motores de busca. É baseado em dados como o número de backlinks e a qualidade desses backlinks.

• Internal Link

Um link de uma página para outra página no mesmo site. Os links internos ajudam a melhorar a navegação do site, a estrutura do site e a distribuição do poder de classificação entre as páginas.

• Keyword

Uma palavra ou frase que os usuários inserem em um motor de busca quando estão procurando informações. A seleção de palavras-chave adequadas é uma parte crucial do SEO.

• Long Tail Keyword

Uma frase de palavra-chave que é mais específica e geralmente mais longa do que as palavras-chave mais comuns. Elas geralmente têm menos concorrência e podem ter uma taxa de conversão mais alta.

• Meta Description

Uma breve descrição de uma página que aparece nos resultados de pesquisa. Embora não influencie diretamente nas classificações, uma boa meta descrição pode aumentar a taxa de cliques.

• Organic Search Results

Os resultados de pesquisa que são ganhos através de SEO eficaz, em oposição aos resultados pagos.

• PageRank

Um algoritmo usado pelo Google para determinar a relevância e a importância de uma página da web. É baseado em fatores como o número e a qualidade dos backlinks para uma página.

• Robots.txt

Um arquivo que diz aos motores de busca quais páginas ou seções de um site eles podem ou não podem visitar e indexar.

• Schema Markup

Um código que você coloca no seu site para ajudar os motores de busca a retornar resultados de pesquisa mais informativos para os usuários.

• Search Engine Results Page (SERP)

A página que mostra os resultados de uma pesquisa em um motor de busca. Cada SERP é único, mesmo para consultas de pesquisa realizadas no mesmo motor de busca usando as mesmas palavras-chave.

• Search Volume

O número de vezes que uma palavra-chave específica é

pesquisada durante um determinado período de tempo. É uma métrica útil para determinar a popularidade de uma palavra-chave.

• SEO (Search Engine Optimization)

O processo de otimizar um site para melhorar sua visibilidade nos motores de busca. Isso pode envolver várias técnicas, incluindo a otimização de palavras-chave, a criação de backlinks de qualidade e a melhoria da experiência do usuário.

• Sitemap

Um arquivo que lista todas as páginas de um site. Os sitemaps ajudam os motores de busca a entender a estrutura de um site e a encontrar todas as suas páginas.

• White Hat SEO

Técnicas de SEO que estão em conformidade com as diretrizes dos motores de busca. Estas são técnicas legítimas que proporcionam valor a longo prazo para os visitantes do site.

• 301 Redirect

Um método para redirecionar os visitantes de uma página da web para outra. É comumente usado quando uma página foi movida ou excluída.

• 404 Not Found

O erro que os visitantes recebem quando tentam acessar uma página que não existe. Isso pode acontecer se a página foi excluída ou se o link está quebrado.

• Alt Text

Texto que descreve uma imagem em um site. É usado pelos motores de busca para entender o conteúdo da imagem e é útil para usuários com deficiência visual.

• Breadcrumbs

Links de navegação que permitem aos usuários rastrear seu caminho de volta a partir da página atual em um site para a página inicial.

Esperamos que este glossário seja útil para você. Lembre-se, o SEO é um campo em constante evolução, então é importante continuar aprendendo e se atualizando sobre os mais recentes termos e técnicas.

Apêndice B: Ferramentas de SEO Recomendadas

Existem muitas ferramentas de SEO disponíveis, cada uma com suas próprias funcionalidades e diferenciais. Aqui estão algumas das mais populares:

• Google Analytics

Uma das ferramentas mais populares para análise de

tráfego da web. Ele fornece insights detalhados sobre os visitantes do seu site, incluindo de onde eles vêm, quais páginas estão visitando e quanto tempo passam no seu site.

• Google Search Console

Esta ferramenta gratuita do Google ajuda você a monitorar e resolver problemas de SEO no seu site. Ela permite que você veja quais palavras-chave estão levando as pessoas ao seu site, envie sitemaps para o Google e corrija problemas de usabilidade móvel.

• SEMrush

Uma ferramenta de pesquisa de palavras-chave e análise de concorrência. Ela permite que você veja quais palavras-chave seus concorrentes estão classificando e fornece sugestões de palavras-chave que você pode querer segmentar.

• Moz Pro

Esta suíte de ferramentas de SEO oferece recursos para pesquisa de palavras-chave, otimização de página, análise de link, rastreamento de classificação e muito mais. A Moz também tem uma comunidade ativa onde os profissionais de SEO podem compartilhar dicas e melhores práticas.

• Ahrefs

Conhecida por sua extensa base de dados de backlinks, a Ahrefs também oferece ferramentas para pesquisa de palavras-chave, análise de conteúdo, rastreamento de classificação e muito mais.

• Yoast SEO

Um plugin popular de SEO para WordPress que ajuda você a otimizar suas páginas e posts para motores de busca. Ele fornece análise de legibilidade, geração de sitemap XML, meta tags e muito mais.

• Screaming Frog SEO Spider

Uma ferramenta de rastreamento de site que pode encontrar problemas de SEO em seu site, como links quebrados, problemas de redirecionamento, problemas de meta tags e muito mais.

• BuzzSumo

Esta ferramenta é ótima para pesquisa de conteúdo e análise de engajamento social. Ela permite que você veja quais conteúdos são mais compartilhados nas redes sociais e quem os compartilha.

• Majestic SEO

Conhecida por sua extensa base de dados de links, a Majestic SEO oferece ferramentas para análise de backlinks, auditoria de sites, análise de concorrência e muito mais.

• Ubersuggest

Uma ferramenta de pesquisa de palavras-chave gratuita que sugere novas palavras-chave e fornece dados sobre volume de pesquisa, concorrência e muito mais.

Cada uma dessas ferramentas tem seus próprios pontos fortes e pode ser útil dependendo de suas necessidades específicas de SEO. Muitas delas oferecem versões gratuitas ou períodos de teste, então você pode experimentar várias para ver qual funciona melhor para você.

Apêndice C: Recursos Adicionais

Além das ferramentas de SEO mencionadas anteriormente, existem vários outros recursos que podem ser úteis para profissionais de SEO e marketing digital. Aqui estão alguns deles:

• Canva

Uma ferramenta de design gráfico online que permite criar imagens atraentes para o seu site, blog, redes sociais e muito mais. O Canva é fácil de usar e oferece uma ampla variedade de modelos, tornando-o uma ótima opção para quem não tem experiência em design gráfico.

• Hootsuite

Uma plataforma de gerenciamento de mídia social que permite agendar posts, monitorar menções de sua marca e analisar o desempenho de suas postagens. O Hootsuite suporta várias redes sociais, incluindo Facebook, Twitter, Instagram e LinkedIn.

• Mailchimp

Uma plataforma de marketing por email que permite criar e enviar campanhas de email, gerenciar listas de assinantes e analisar o desempenho de suas campanhas. O Mailchimp também oferece recursos para automação de marketing, criação de landing pages e muito mais.

• SurveyMonkey

Uma ferramenta de pesquisa online que permite criar pesquisas, coletar respostas e analisar os resultados. O SurveyMonkey pode ser útil para coletar feedback dos clientes, conduzir pesquisas de mercado e muito mais.

• Trello

Uma ferramenta de gerenciamento de projetos que permite organizar tarefas, atribuir trabalho a membros da equipe e acompanhar o progresso do projeto. O Trello usa um sistema de quadros, listas e cartões que é visual e fácil de usar.

• Slack

Uma plataforma de comunicação para equipes que permite enviar mensagens, compartilhar arquivos e fazer chamadas de voz e vídeo. O Slack pode ser útil para colaboração em equipe, especialmente para equipes remotas.

• Google Trends

Uma ferramenta do Google que mostra como a popularidade de uma palavra-chave ou tópico específico mudou ao longo do tempo. O Google Trends pode ser útil para identificar tendências e oportunidades de conteúdo.

• AnswerThePublic

Uma ferramenta de pesquisa de palavras-chave que mostra as perguntas que as pessoas estão fazendo sobre um tópico específico. AnswerThePublic pode ser útil para gerar ideias de conteúdo e entender as intenções de pesquisa do usuário.

Cada um desses recursos tem suas próprias funcionalidades e diferenciais, e pode ser útil dependendo de suas necessidades específicas. Muitos deles oferecem versões gratuitas ou períodos de teste, então você pode experimentar vários para ver qual funciona melhor para você.

ENCERRAMENTO

C hegamos ao fim de nossa jornada pelo mundo do SEO. Esperamos que este livro tenha sido um guia útil e informativo, oferecendo a você uma visão abrangente das práticas, técnicas e ferramentas que definem o campo do SEO hoje.

À medida que avançamos para o futuro, a inteligência artificial (IA) continuará a desempenhar um papel cada vez mais importante no SEO. A IA já está transformando a maneira como os motores de busca interpretam e respondem às consultas dos usuários, tornando o SEO mais complexo, mas também mais interessante e dinâmico. À medida que a IA se torna mais sofisticada, esperamos ver ainda mais inovações e oportunidades emergindo no campo do SEO.

Gostaríamos de agradecer a todos que tornaram este livro possível. Agradecemos aos nossos colegas e parceiros por seu apoio e contribuições valiosas. Agradecemos aos nossos leitores por sua curiosidade e entusiasmo. E, acima de tudo, agradecemos a todos os profissionais de SEO que estão na linha de frente, explorando novas fronteiras e moldando o futuro do marketing digital.

O SEO é uma jornada, não um destino. O campo está sempre mudando, sempre evoluindo, e há sempre algo novo para aprender. Então, mesmo que este livro tenha chegado ao fim, a sua jornada SEO está apenas começando. Desejamos a você sucesso em todas as suas futuras aventuras SEO.

Com gratidão,

Eric Daniel e Flávio Luizetto

www.ingramcontent.com/pod-product-compliance
Lightning Source LLC
LaVergne TN
LVHW051241050326
832903LV00028B/2513